MUSIKPÄDAGOGISCHE BIBLIOTHEK

BAND 26

JAN-ANTON VAN HOEK

Die Gitarrenmusik im 19. Jahrhundert

Geschichte, Technik, Interpretation

HEINRICHSHOFEN'S VERLAG · WILHELMSHAVEN

CIP-Kurztitelaufnahme der Deutschen Bibliothek

Hoek, Jan-Anton van:
Die Gitarrenmusik im 19. [neunzehnten] Jahrhundert
: Geschichte, Technik, Interpretation /
Jan-Anton van Hoek. – Wilhelmshaven :
Heinrichshofen, 1983.
(Musikpädagogische Bibliothek ; Bd. 26)
ISBN 3-7959-0329-7

NE: GT

Gesamtherstellung: Heinrichhofen's Druck, Wilhelmshaven
Printed in Germany
ISBN 3-7959-0329-7

INHALTSVERZEICHNIS

Vorwort		5
Einleitung		7
Kapitel I:	Vom Rokoko zur Klassik	9
Kapitel II:	Fragen der Notierung	13
Kapitel III:	Fragen der Spieltechnik	25
Kapitel IV:	Ein Überblick über die Formenlehre	31
Kapitel V:	Zeit, Raum und Gitarre	43
Kapitel VI:	Grundlagen der Interpretation	53
Kapitel VII:	Die Schulen im 19. Jahrhundert	67
Kapitel VIII:	Die Neuklassik	81
Zeittafel:	1750 – 1900	89
Literaturverzeichnis		95
Personenregister		99
Sachregister		105

Vorwort

In der Stilistik gitarristischer Interpretationskunst herrscht wenig Einigkeit. Das kommt zum größten Teil daher, weil auf diesem Gebiet noch nicht ausreichend Forschungsarbeit geleistet wurde. Nicht nur über das Zeitalter der Renaissance und des Barock, sondern auch über das Rokoko, die Klassik und die Romantik wurde noch wenig stichhaltiges im Zusammenhang mit dem Gitarrenspiel veröffentlicht. Einige Gitarristen und Pädagogen haben jedoch Beiträge geliefert, die in wichtigen Fragen Voraussetzungen geschaffen haben, um die Stilarten zu Klassik und Romantik zu erörtern.

Die vorliegende Arbeit soll ein Versuch sein, den Mangel an Studienmaterial in diesem Forschungsbereich zu beheben und dem Gitarristen Einsicht zu geben in die Spielpraxis jener Zeit und ihre Konsequenzen für eine stilgerechte Aufführung.

Wir haben dabei zwei Verfahren kombiniert: erstens die Quellenforschung und zweitens den Vergleich. Die Forschung bezieht sich auf die musikgeschichtlichen Aspekte der Gitarristik. Der (kritische) Vergleich umfaßt die allgemeine Spielpraxis auf den meisten Instrumenten des behandelten Zeitraumes, insbesondere auf dem Gebiete der Klavier- und Kammermusik. So soll z.B. verdeutlicht werden, daß bei einer Künstlerpersönlichkeit wie Diabelli die Auffassungen der Komposition wie der Interpretation vergleichbar sind, unabhängig davon, ob es sich um das Klavier- oder Gitarrenspiel handelt.

Eine zwar durch den Umfang des vorliegenden Werkes begrenzte Dokumentation wird sicherlich zur Klärung vieler offener Fragen auf dem Gebiet der gitarristischen Interpretationskunst beitragen.

Abschließend bittet der Verfasser den Leser um Verständnis, wenn er beim Studieren des vorliegenden Buches auf Formulierungen stößt, die nicht in allen Punkten dem üblichen deutschen Sprachgebrauch entsprechen. Wenn die deutsche Sprache für den Autor auch nicht die Muttersprache darstellt, so hofft er dennoch, sich im wesentlichen präzis und allgemeinverständlich ausgedrückt zu haben.

Eindhoven (NL), April 1982 — Jan-Anton van Hoek

Einleitung

Dieses Buch ist weder ein musikgeschichtliches, noch ein musiktheoretisches Werk. Es erhebt auch keinerlei Anspruch darauf, ein Handbuch der allgemeinen Musikinterpretation zu sein. Vielmehr übernimmt es die Aufgabe, den Gitarrenspieler besser bekannt zu machen mit den Hintergründen der von ihm gespielten klassischen und romantischen Musik, wobei eine Übersicht über die Neuklassik im 20. Jahrhundert der Vollständigkeit wegen nicht fehlen durfte.

Eigentlich ist das Werk ein einheitliches Gebilde, die Einteilung in acht Abschnitte dient nur der Übersichtlichkeit. Da ein Abschnitt immer auf die vorangegangenen Kapitel Bezug nimmt, empfiehlt es sich, diese vorher zu studieren.

Zu den Grundlagen des Werkes gehört eine erläuternde Literaturliste (siehe Seite 94 ff.). Sie hat die Aufgabe, dem Leser Beispiele für die im Buch behandelten spieltechnischen Fragen und Formen zu liefern.

Mit Vorbedacht haben wir Abstand genommen von der mitunter üblichen anekdotischen Geschichtsschreibung der Gitarristik, weil sie in mehreren Werken (s. Bibliographie) bereits vorhanden ist, und weil sie dem Ziel dieses Werkes — der Förderung einer besseren Interpretation — in keinerlei Weise dient.

Auch ist das Werk weder ein Gitarristenvademekum noch eine Schule. Wir hoffen, daß es jedoch dazu beitragen wird, die Lücke auszufüllen, die ziemlich allgemein existiert, wo es sich um Fragen der Gitarristik im 19. Jahrhundert handelt.

Kapitel I

Vom Rokoko zur Klassik

Ob man von einer richtigen Rokokomusik für die Gitarre reden kann, ist etwas fraglich. Mit Ausnahme vielleicht von Spanien war die Gitarristik im späteren Barock stark von der französischen Musikkultur bestimmt worden. Da König Ludwig XIV. ein besonderes Verhältnis zur Gitarre hatte, und nicht nur der französische Adel, sondern halb Europa seinen Beispielen Folge zu leisten pflegte, waren die typisch-französischen Kompositionsmerkmale (u.a. Harmonik, Verzierungen) überall wiederzufinden, so z.B. bei Ludovico Roncalli (Italien), oder Jan Antonin Losy von Losinthal (Böhmen).

Obwohl in den späteren Werken des französischen Meisters Ròbert de Visée Merkmale des Rokoko vorhanden sind, wie auch die unter Ludwig XV. üblichen Anklänge an das Ländliche, Volkstümliche, erscheint seine Kunst doch vielmehr als konservativ und zum Barock hingeneigt. Man beachte da auch François Campion mit seiner so bekannten reinbarocken kleinen Fuge D-dur. Es trifft wohl auch zu für Roncalli, etwas weniger für Losy, während die spanischen Komponisten (Gaspar Sanz, Lucas Ruys de Ribáyaz) ziemlich konservativ sind, sich hauptsächlich auf die Gepflogenheiten des spanischen Barock beschränken und sich dem französischen Einfluß fast entziehen. Das wird sich erst ändern, als sich nach dem Tode Karls II. mit dem neuen König Philipp V. das Bourbonnenhaus auf den spanischen Thron setzt und die Versailler Einflüsse allmählich auch in Madrid stärker spürbar werden.

Bei dieser Betrachtung der Gitarrenmusik vom Barock bis zum Rokoko muß man feststellen, daß das Rokoko eigentlich für die Gitarre nicht von besonders großer Bedeutung war, wenn auch die Rokokomusik als Ganzes wenigstens die französisch-orientierte westeuropäische Musikkultur weitgehend beeinflußt hat, und also für die Gitarristik – die in späteren Zeiten daraus schöpfen sollte – nicht unterschätzt werden sollte.

Nach dem Tode Ludwigs XIV. gerät die *Barockgitarre* zwar nicht ganz in Vergessenheit, dennoch ist ihre Beliebtheit etwas im Nachlassen. Dies trifft auch zu für die Laute, den Chitarrone und die Theorbe. Merkwürdigerweise wurde die Theorbe, die einzige einchörige Lautenvariante (wenn auch mit Bordunsaiten versehen) um diese Zeit doppelchörig, so daß der Unterschied zur ihr ähnelnden theorbierten Laute fast verschwand. Daß diese neue Theorbenabart wie auch die anderen Erzlauten (Großlauten mit Bordunsaiten) sich noch einige Zeit behauptete, lag vielmehr in ihrer Rolle als Generalbaßinstrument als an ihrer generellen Beliebtheit.

Für die Gitarre hat das Nachlassen ihrer Beliebtheit eine Weile gedauert, bis die doppelchörige Barockgitarre von der sechssaitigen, einchörigen *klassischen Gitarre* abgelöst wurde (s. Abschn. II. und V.) War die Ära Ludwigs XIV. eine erste Blütezeit der Gitarre, so folgte ihr nun eine zweite, die etwa von 1780 oder 1790 bis zur Mitte des 19. Jahrhunderts andauern sollte.

In der Klassik sind mancherlei Einzelheiten der vorangegangenen Periode wiederzufinden, namentlich in den Anfängen. Von den vielen Tänzen und davon abgeleiteten, meist kleineren Spielstücken, auf die sich dies vor allem bezieht, ist das Menuett ein deutliches Beispiel. Ehemals Volkstanz, wurde es während der Regierung Ludwigs XIV. „hoffähig" gemacht, wurde sodann stilisiert zum Konzertstück, hielt sich während des Rokoko und später so lang wie das „Ancien Régime" standhielt, tauchte in den Zeiten der Restauration, wenn auch vielmehr als kleines Spielstück denn als Tanz wieder auf und erreichte schließlich (beispielsweise mit dem Menuett aus der Sonate A-dur von Anton Diabelli und dem Menuett D-dur op. 124 Nr. 20 von Ferdinando Carulli) sogar den Status eines Scherzos. Da ist, wenigstens bei Diabelli, vom Eigenwesen dieses Tanzes nichts mehr wiederzuerkennen. Das Menuett op. 5 Nr. 1 (G-dur) von Jose Herran Macario (Fernando) Sor steht dem Rokoko sehr nahe, klassisch mutet sein op. 11 Nr. 3 (gleichfalls in G-dur) an, während das Menuett als Finale der 2. Großen Sonate op. 25 nicht einmal mehr die Funktion besitzt, die Menuette als Sonatensätze für gewöhnlich hatten: Einlagesatz zur „Erfrischung" (Scherzowirkung) zwischen dem langsamen 2. Satz und dem schnellen Finale, dessen Effekt der 3. Satz oft durch Kontrastwirkung vorzubereiten hatte (s. Kapitel IV).

Auch neoklassische Komponisten schrieben viele Menuette, beispielsweise Heinrich Albert, doch der Stil ist da weder Barock noch Rokoko, sondern meist klassisch, wenn es auch in den 66 Etüden dieses Komponisten einige Stücke (Nr. 14, 32 und 54) barocker Struktur gibt.

Die Vorliebe für dasjenige, was man für „Ländliches" hielt, brachte die Komponisten des Rokoko und der Klassik dazu, eine Menge von nach Ländern und Gegenden benannten – und daselbst meistens auch tatsächlich einheimischen – Tänzen zu schreiben. Hiervon sind am beliebtesten gewesen:

Im *ungeraden Takt:* Mazurek (aus Polen; Masur = Pole) oder hier nach dem russischen Ausdruck besser bekannt als Mazurka; Polonaise (Polen); Tyrolienne (Tyrol); Ländler (aus dem oberösterreichischen „Landl"); später auch der Walzer. Die ungeradtaktigen Tänze haben eine alte Geschichte. Es sind Dreh- und Springtänze. Man vergleiche: „sich walzen – voltare" (it.: [sich] drehen) mit: Walzer – Volt; und: „springen – saltare" (ital.: springen) mit Sprung (Hupf Auff) – Saltarello; und ähnlich mit Sauteuse (frz. sauter = springen), wenn die Sauteuse auch im 6/8-Takt steht und daher eigentlich den geradtaktigen Tänzen angehört.

Die *geradtaktigen* Tänze sind in der Minderzahl. Abgesehen von in der Unterteilung des Taktes doch wieder dreiteilig rhythmisierten Stücken wie die Sauteuse (zweimal 3 Achtel), sind hauptsächlich die Polka, die Ecossaise, der Galopp, der Kontratanz (engl.: Country Dance = Tanz vom Lande) und die Anglaise von Bedeutung. Sie wurden damals von denjenigen, die die Drehtänze (wegen der wirklichen oder angeblichen Ausschweifungen die dabei stattfanden) als „unsittlich" betrachteten, für gute Alternativen derselben gehalten, wobei wir allerdings nicht an die spätere „Polka-Schnell" wie bei Johann Strauß Sohn denken.

Daß die Tanzschritte die Ausführung des Tanzes auch als Spielstück beeinflussen, ist nur zu verständlich.

Wenn man näheres wissen möchte über die Übergänge vom Rokoko bis zur Klassik, dann empfiehlt es sich, die in der Bibliographie aufgeführten Spezialveröffentlichungen zu Rate zu ziehen.

Kapitel II

Fragen der Notierung

Ursprünglich wurde die Musik für sämtliche Instrumente der Lauten- und Gitarrenfamilien in *Tabulatur* notiert. Das bedeutete, daß ein Liniensystem die Besaitung des Instruments darstellte und Ziffern oder Buchstaben dazu dienten zu bestimmen, vor welchem Bund man die Finger niedersetzen sollte. Kleine Noten über der Tabulatur stellten den Rhythmus dar. Obgleich es mehrere regionale Tabulatur-Abarten gab, ist die französische am längsten in Gebrauch geblieben. Da bedeutete „a" die leere Saite, „b" den 1. Bund, „c" den 2. Bund usw. Es folgt – anachronistischerweise – das Beispiel eines Walzers von Ferdinando Carulli (1770–1841), wenn er in französischer Tabulatur erschienen wäre – allerdings der klassischen Gitarrestimmung angepaßt (e1-h-g-d-A-E).

Ferdinando Carulli, Walzer C-dur, op. 121 Nr. 1

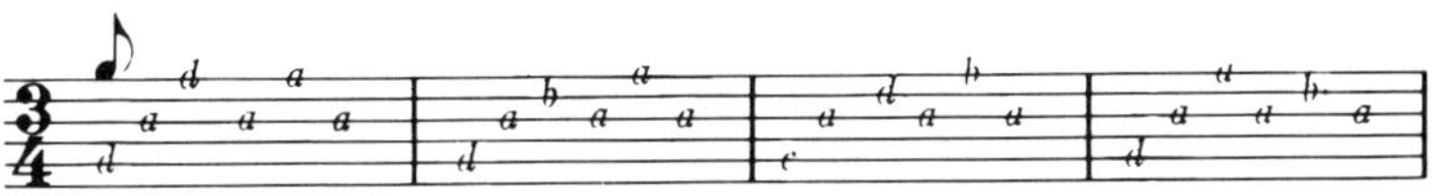

Weder von der Stimmführung noch vom Vortrag ist bei dieser Art des Notierens etwas zu erkennen – kein Wunder, daß die Tabulatur nicht dauernd in Gebrauch blieb. Versuche, neue Griffschriften für die Gitarre zu entwerfen (z.B. das aus den Niederlanden stammende „Klavarskribo") scheiterten immer daran und werden wohl auch in Zukunft immer daran scheitern, weil es eben nichts Logischeres und Übersichtlicheres gibt als die universelle Notenschrift, falls richtig notiert wird. Leider fehlt daran häufig so mancherlei. Auch das hat – neben Oberflächlichkeit und oft unverantwortlicher „Vereinfachung" – eine historische Ursache, die erklärt sein will.

Dazu sei erwähnt (s. Kapitel I. und V.), daß, als in Europa die Beliebtheit der Barockgitarre nachließ, sich in Großbritannien noch das *Cittern* behauptete, die sogenannte *Englische Gitarre* (English Guitar), verwirrenderweise auch kurz „Gitarre" genannt (und „*Cister*" war noch ein anderer Name für die Barockgitarre!). Das Cittern war ein ziemlich kleines, mandolinartiges Instrument, das der Verwendung nach auch Verwandtschaft besaß mit der italienischen *Chitarra Battenta* (Schlaggitarre, jedoch nicht mit der modernen Plektrumgitarre zu verwechseln!). Wie bei der Mandoline, wurde die Musik für das Cittern nie in Tabulatur notiert, sondern in einem System, wenn auch eine Oktave über dem tatsächlichen Klang. Dabei wurden, wie in der Tabulatur, die rhythmischen Bezeichnungen auf das Einfachste beschränkt. Der Walzer von Carulli würde da folgendermaßen aussehen:

Ferdinando Carulli, Walzer op. 121 Nr. 1

Die „8" unter dem Schlüssel – die im Druck eigentlich nie fehlen sollte – deutet dabei an, daß der tatsächliche Klang eine Oktave tiefer ist als die Notierung. Diese Oktavierung erfolgt aus der Notierung in einem System und im Violinschlüssel, da man sonst zuviele Hilfslinien benötigen würde.

Die gewissenhafteren Komponisten lehnten diese Schreibart für die im Laufe des 18. Jahrhunderts entstandene einchörige, sechssaitige klassische Gitarre ab, und diejenigen unter ihnen, die sich – wie es bei anderen Instrumenten Mozart und Beethoven machten – von Zeit zu Zeit dem Kontrapunkt oder gar der Polyphonie widmeten, wie z.B. Sor, versuchten sich mit einer neuen Art polyphoner Notierung. Für den Walzer von Carulli ergäbe sich die Notierung:

Ferdinando Carulli, Walzer C-dur, op. 121 Nr. 1

Diese aber ist auch nicht ganz richtig. Man kann nämlich noch immer nicht entdecken, was musikalisch geschieht. Da dieser Walzer Ländler-Eigenschaften aufweist (s. Abschn. IV. und VI.), kommt vor allem der Tanzakzent (der dynamische Akzent) im Gegensatz zum metrischen Akzent, nicht auf das c im Baß, sondern auf das g1 in der Oberstimme. Folgerichtig wäre zu notieren (und dabei tritt die Dreistimmigkeit hervor):

Ferdinando Carulli, Walzer C-dur, op. 121 Nr. 1

Jedoch ist dies nicht leicht leserlich, daher wäre eine Kompromißlösung angebracht:

Ferdinando Carulli, Walzer C-dur, op. 121 Nr. 1

Diese Notierung ist zwar orthographisch nicht ganz korrekt, sie läßt aber die Absicht des Komponisten klar erkennen, ohne daß dabei Probleme für das Lesen erstehen.

Nun trifft dies alles zu für das Carulli-Beispiel. Da aber (s. Abschn. V.) die Gitarren im 18. und 19. Jahrhundert eine geringere Mensur besaßen, und folgerichtig auch die Griffe weniger gestreckt waren als heute, konnten gegriffene Töne länger weiterklingen. Beim Spiel einiger Werke von Sor, Aguado oder Legnani sollte dies mit in Betracht gezogen werden! Wir werden hierauf im Laufe dieses Buches noch zurückkommen.

In *polyphonen* Werken ist die Notierung nach Stimmführung überaus wichtig. Da sollte jede Stimme einzeln notiert werden, wieviel Fähigkeit dies auch von den Kopisten erfordern mag. Das ist nicht nur von Bedeutung bei Fugen und artverwandten Kompositionen, sondern auch bei anderen Formen der Polyphonie und sogar bei jedem einzelnen polyphonen Teil in sonst durchaus homophoner Musik.

Erstaunlicherweise ist diese Erkenntnis relativ neu. Noch Heinrich Albert (1870–1950) bleibt im Textteil seiner „Gitarre-Solospiel-Studien" bei einer vereinfachten Notierung, in der nicht jede Stimme während des Stücks einzeln zu verfolgen ist. Andrés Segovia notiert unbekümmert in Manuel Ponce's Fuge aus den „Folia d'Expana"-Variationen:

statt:

Die Mittelstimme mag hier sekundär sein – in Fällen wo sie primär ist, macht man es leider häufig genau so. Die Leserlichkeit der Stimmführung ist aber für die Interpretation gerade eines derartigen Werkes eine unerläßliche Notwendigkeit. Daß Albert in seiner Transkription des Solfeggietto von Carl Philipp Emanuel Bach (Lehrgang für künstlerisches Gitarrespiel, III. Teil) an mehreren Stellen Anschluß an die Cittern-Notierung sucht, weist umsomehr auf ein völliges Durcheinander der Auffassungen in dieser doch so leicht zu lösenden und so vordringlichen Frage hin.

Spieler und Pädagogen sollten sich auf jeden Fall alle Musik kritisch daraufhin ansehen, ob die Notierung der Stimmführung entspricht, und sich immer des Verlaufes jeder einzelnen harmonischen oder kontrapunktischen Stimme bewußt sein. Bei komplizierteren Stücken ist da eine Art Analyse unbedingt notwendig.

Über die Notierung der Fingersätze, Saiten- und Lagenzeichen sowie der Anschläge sind die Gitarristen sich während längerer Zeit einig gewesen. Für die rechte Hand beruht sie auf einem merkwürdigerweise ziemlich unübersichtlichen System: +, v oder ∧ für den Daumen, . für den Zeigefinger, : oder . . für den Mittelfinger und . . . , oder ∴ für den Ringfinger.

Die Verwechslung mit dem Staccatozeichen • liegt auf der Hand; daher schrieben die Gitarristen Staccato-Effekte mit dem Staccatissimozeichen ▾ vor. Die bloße Bezeichnung „Staccato" bedeutete wiederum „ohne Bindungen", das war also ein Verbot des Bindelegatos, wie in Matteo Carcassi, Etüde op. 60 Nr. 1. Für Staccatissimo hatten sie dann auch kein Zeichen mehr, so daß sie sich in vorkommenden Fällen mit einer Notierung der durch das Staccatissimo entstandenen Notenwerten auszuhelfen versuchten, was natürlich – wie bei den Verzierungen – nicht ausreichte. Staccato oder Staccatissimo sind eben niemals exakt zu notieren.

Das Pluszeichen für den Daumen führt außerdem zu Verwechslungen im Notenbild, da es auch für überstreckte Griffe verwendet wird, wie in:

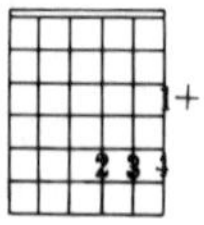

in Noten::

Das im vorigen Jahrhundert entstandene spanische System ist in jeder Beziehung deutlicher: p (pulgar) für Daumen, i (indice) für Zeigefinger, m (medio) für Mittelfinger und a (anular) für Ringfinger. Diese Zeichen sind im Gesamtbild der Musik auffälliger und die Normalnotierung von Staccato, Staccatissimo usw. wird dadurch nicht beeinträchtigt. Der regionale Konservatismus, mit dem man hier und da auch heute noch beim alten System bleibt, ist daher auch unverständlich.

Die Zeichenerklärung für die linke Hand ist hingegen ganz logisch (1 = Zeigefinger, 2 = Mittelfinger, 3 = Ringfinger, 4 = kleiner Finger), wie auch die Saitenbenennung mit Ziffern in Kreisen ① = 1. Saite (e1) usw.).

Für die Lagenbezeichnung gibt es zwei gute Systeme. Das eine bedient sich römischer Zahlen: z.B. I ist 1. Lage (der 1. Finger steht vor dem 1. Bund) und X ist 10. Lage (1. Finger vor dem 10. Bund). Das andere System bedient sich fettgedruckter arabischer Ziffern, wobei man sich oft auf die Bezeichnung von Barrégriffen, im Zusammenhang mit einer bestimmten Lage beschränkt.

Vom *Barré* gibt es drei Arten. Das Wort bedeutet: Quer- oder Brükkengriff. Am wenigsten häufig ist das Barré mit dem 4. Finger.

Beispiel:

In den tieferen Lagen und zum Überbrücken von mehr als zwei Saiten ist von der Anwendung des Barrés durch den 4. Finger aus motorischen Gründen stark abzuraten. Es wurde zwar während der Klassik von manchem Autor vorgeschrieben und man findet es noch in vielen Heften mit Kompositionen aus jener Zeit, jedoch sind die Griffbretter der modernen Gitarren breiter, wodurch auch der Abstand zwischen den Saiten zugenommen hat. Meistens ist auch die Spannung der Saiten größer. Beides beeinflußt natürlich die Schwierigkeit des Griffes und damit auch die Geläufigkeit des Spiels. In den meisten Fällen kann man das Barré mit dem 4. Finger unschwer durch einen anderen Fingersatz ersetzen.

Von großer Bedeutung ist das Barré mit dem 1. Finger. Es gibt da 2 Abarten: großes (ganzes) und kleines (halbes) Barré, wobei der 1. Finger im allgemeinen über 6, bzw. 3 Saiten liegt. Man kann das Barré folgendermaßen vorschreiben:

mit Klammern:

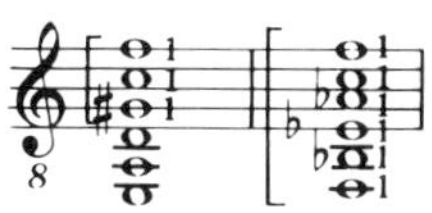

oder ohne Klammern:

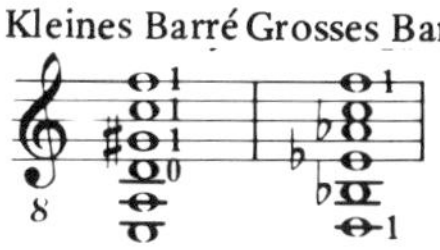

mit Klammern und Saitenzahl: spanisch:

oder aber mit C1⁶, C1⁵, C1⁴, MC1³, MC1², wobei die kleinen Ziffern die Zahl der zuüberbrückenden Saiten bezeichnen. Dieses Verfahren kann man auch mit dem Klammersystem kombinieren, z.B.: V^3[

Das Zeichen „C" stammt von „Ceja" (span. = Bund). Vielleicht wäre eine Bezeichnung mit Saitenvorschrift am effektivsten.

Drittens existierte früher noch das schräge Barré, von Luigi Legnani (1790–1877) häufig vorgeschrieben, was auf der kleiner-mensurierten und auch mit einem schmäleren Griffbrett versehenen Gitarre seiner Zeit auch durchaus möglich war. Das trifft heute nicht mehr zu. Die Problematik des schrägen Barrés müssen wir zwangsläufig auf andere Weise lösen, oder wir müssen den diesbezüglichen Akkord umkehren oder zerlegen, in gewissen Fällen auch Doppeltöne aus den Akkorden streichen. Ein Beispiel:

Luigi Legnani, Capriccio op. 20 Nr. 23

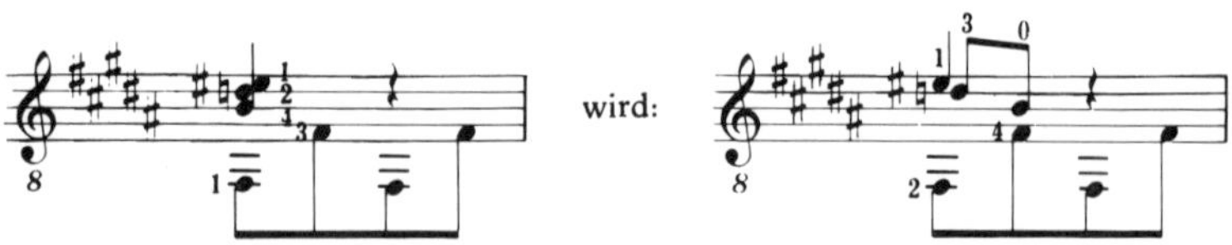

Für schrägen Barrés gibt es die Zeichen ╲ und ╱
Ein Diagramm zeigt das Verfahren im Legnani-Beispiel:

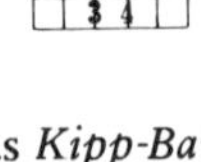

Besonders wichtig ist auch das *Kipp-Barré*. Beispiele:

Im ersten Beispiel wird bei * gekippt. Der 1. Finger bleibt mit der Spitze an seiner Stelle und das e klingt weiter. Diese Variante wird allgemein benützt. Im zweiten Beispiel wird ungefähr die Hälfte des 1. Fingers gekippt; das f klingt weiter. Man begegnet dieser Art des Kipp-Barrés u.a. in einigen Werken von Sor.

Der *Daumengriff,* meist mit einem △ bezeichnet, z.B. bei Alexander Nemerovski, einem russischen Gitarristen, Komponisten und Herausgeber um 1875, wird heute nicht mehr gemacht, einerseits wegen der Entwicklung einer verbesserten Motorik beim Spiel, andererseits durch die größere Breite des Griffbretts.

Ein Akkord wie:

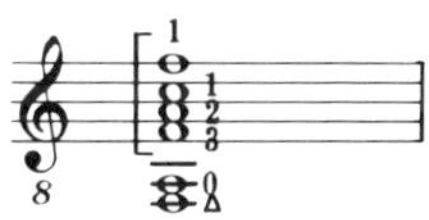

muß heute logischerweise wohl ersetzt werden durch:

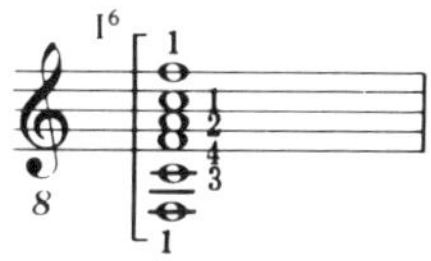

Für die *halbe Lage* gibt es weder arabische noch römische Ziffern. Sie ist beim wirklich geläufigen Spiel und auch für den Gleiteffekt kaum entbehrlich. In Deutschland könnte man sie mit HL (Halbe Lage) bezeichnen, oder man könnte HP (engl.: Half Position) schreiben. Beispiele:

Ferdinando Carulli, Walzer C-dur, op. 121 Nr. 1

Matteo Carcassi, Etüde A-dur, op. 60 Nr. 8

Francesco Molino, Präludium Nr. 3, G-dur

Gibt es bei der Notierung von Fingersatz und Lage verhältnismäßig wenig Fragen, ist dies umsomehr der Fall mit den *Flageoletts,* den durch Teilschwingung der Saiten produzierten Tönen, auch Harmonie-, Glocken- und Aliquottöne genannt. Heinrich Albert verwendet dabei folgende Notierung:

Heinrich Albert, „Flageolettspiel" e-moll

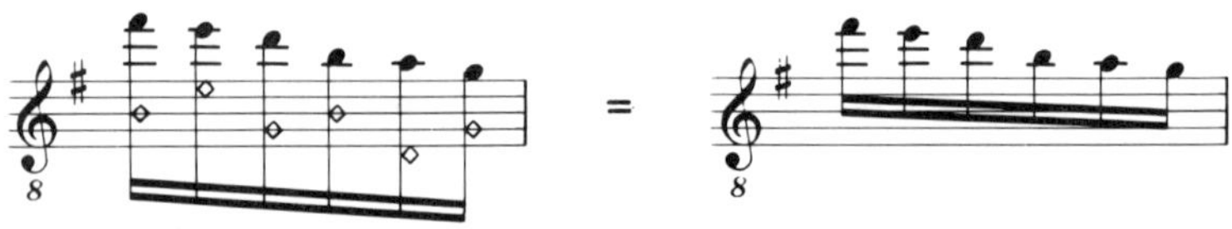

Das trifft zu für die natürlichen Flageoletts, wobei die Saite vorher nicht verkürzt wird (sonst gäbe es künstliche Flageoletts, s. unten). Eine andere Notierung ist jene nach Saiten und Lagen. In meinen „Präludien und Etüden zur Vervollkommnung der Technik" (Heinrichshofen) wurde von der Herausgeberin, Luise Walker, im 1. Präludium folgendermaßen notiert:

Jan-Anton van Hoek, Präludium Nr. 1, e-moll, aus „Präludien und Etüden"

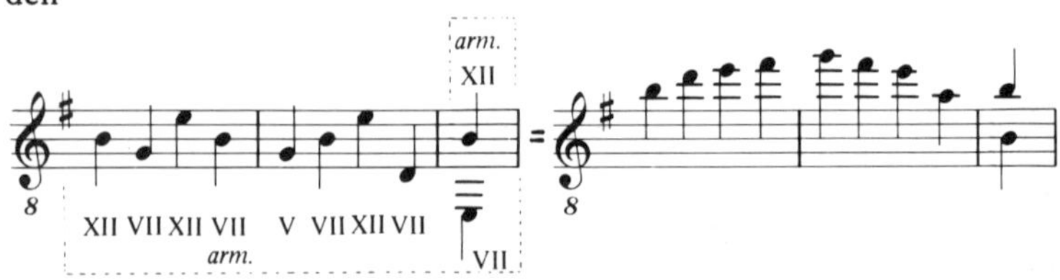

Bei Napoléon Coste finden wir in kleinen Noten:
Etüde A-dur, op. 38 Nr. 6 (Herausgabe: Hans Ritter)

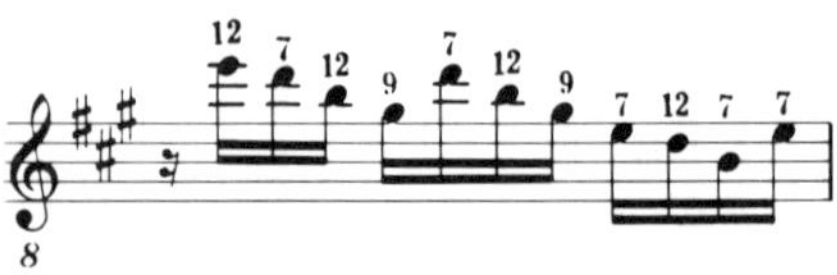

Also Notierung nach tatsächlichem Klang.

Die Südamerikaner, u.a. Heitor Villa-Lobos, verwenden – allerdings in neuerer Musik – noch andere, zuweilen etwas altmodisch anmutende Bezeichnungen.

Am deutlichsten wäre vielleicht:  = Ton;  = Saite.

Man vergesse jedenfalls nicht, vor dem Spielen von Stücken die Flageolettpassagen enthalten, solche genau zu bestimmen. Bei künstlichen Flageolett ist es einfacher. Meist wird der gegriffene Ton in tieferer Lage notiert, mit der Anmerkung „Arm.8" oder „künstl.Flag.":

Es ist möglich, die *Phrasierung* auf mancherlei Weise zu behandeln. Längere Bogen wirken in der Gitarrenmusik im allgemeinen ziemlich unübersichtlich, während kleine Bogen verwechselt werden könnten mit den Bindebogen für die rechte Hand. Zwar gibt es Herausgeber, die sich punktierter Bogen bedienen, um dieser Verwechslung vorzubeugen, aber das ist immer noch eine umstrittene Sache. Am Besten phrasiert man daher mit den Zeichen // und > . Auch das Komma findet Verwendung (fettes **,**).

Bei den *Verzierungen* wird jedes Mißverständnis durch Notierung mit kleinen Noten vermieden. Also:

nicht:  , oder:  , sondern:  oder 

Selbstverständlich ist die Notenlänge der Verzierungen relativ und abhängig vom Stil und vor allem vom Tempo des Stücks.
Einleuchtend wirkt dieses Beispiel:

Napoléon Coste, Etüde op. 38 Nr. 7 (Herausgabe Hans Ritter)

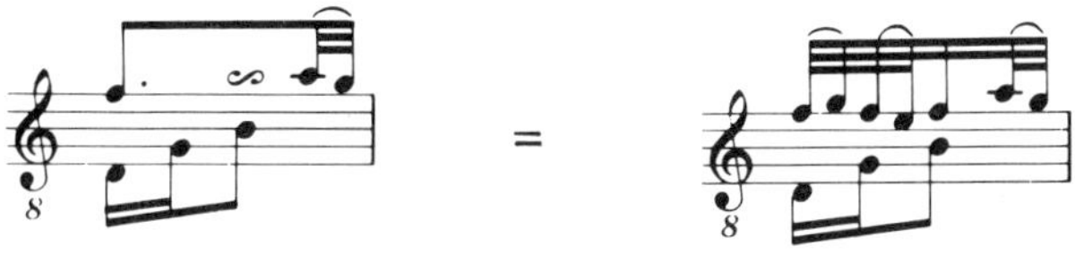

Hier kann man den Doppelschlag zwischen f1 und a1/g1 am Besten vorher ausschreiben ehe man übt. Also gibt es Fälle in denen „Realnotierung" der beste Weg ist. Da entscheide der Spieler.

Bei den *Arpeggien* hingegen, ist die Zeichennotierung vorzuziehen, also:

nicht: 

sondern: 

Eine Art der Normalisierung wäre, beim Akkord die vorgeschriebene Weise des Arpeggierens folgendermaßen zu bezeichnen:

Vierfingerarpeggio: 

Daumenarpeggio: 

oder: 

Rasgueado aufwärts, bzw. abwärts und auf- und abwärts wie beim Barockarpeggio: 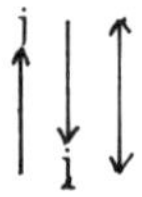

Das Rasgueado auf- und abwärts, oder Rasgueado Graneado (= „geperlt"), wird oft ausgeführt wie:

Jose Herran Macario Sor, Zauberflötevariationen op. 9, Var. 4

Jedoch ist – wenn auch stärker – der alte Lauteneffekt treffsicherer, wenn man es folgendermaßen macht:

Jose Herran Macario Sor, Zauberflöte-Variationen op. 9, Var. 4

Was man im allgemeinen unter Rasgueado versteht, ist das Rasgueado-*Golpe*, das Durchstreichen der Saiten mit dem Zeigefinger, bzw. dessen Nagel.

Rasgueado-*Seco* steht für Dämpftöne, heute meist als *Pizzicato* umschrieben, wobei die Saiten am Steg vom Ballen des rechten kleinen Fingers gedämpft werden, während der Daumen sie anschlägt. Man könnte als „Halb-Pizzicato" ein Zwischenverfahren zwischen normalem und gedämpftem Spiel bezeichnen. Am Schluß des Finale aus den Zauberflöte-Variationen von Sor gibt es eine Stelle, wo bereits in der Klassik ein Rasgueado Seco (aufzufassen als Pizzicato) angebracht ist. Anstatt „Pizzicato" wird „Etouffé" notiert.

Beim *Frisé* werden die rechten Finger geschlossen gehalten und sodann nacheinander getrennt. Es kommt nur vereinzelt vor. Beispiel:

Matteo Carcassi, Spanischer Tanz in A-dur

Für die *Tempo*-Bezeichnungen gelten die üblichen Regeln. Bei Metronomziffern soll man natürlich Vorsicht walten lassen. Handelt es sich um ältere Musik, so stammen sie selbstverständlich vom Herausgeber und nicht vom Komponisten und sind somit völlig subjektiv, wieviel Forschung nach den Traditionen der Epoche auch dahinter stecken mag. Aber auch Komponisten – und ein Musterbeispiel ist da Ludwig van Beethoven – sind oft auf frühere Metronomzahlen zurückgekommen. Guter Geschmack, Stilkenntnisse und technische Fähigkeit des Spielers sollten da ausschlaggebend sein. Daß man beim Studium von Einzelstimmen aus Duetten, Trios usw., aus der Liedbegleitung und aus der Gitarre-Kammermusik Tempo-Verabredungen mit den Partnern treffen soll, versteht sich ganz von selbst.

Eine Sondernotierung für eine hervorzuhebende oder in den Hintergrund zu versetzende Stimme existiert nicht. Es gibt natürlich Ausnahmen: man kann eine zeitweilig weniger wichtige Stimme mit kleineren Noten drucken, aber in der Praxis findet ein solches Verfahren nur ganz vereinzelt statt. Einsätze wichtiger Passagen in den einzelnen Stimmen kann man jedoch als „Marcato" (>) bezeichnen. Oft wird auch das Zeichen – benutzt, was aber verwirrend wirken könnte, da dieses Zeichen auch in der Agogik (s. Kapitel VI) Verwendung findet.

Die Tonarten werden meist richtig notiert, wenn es da auch Ausnahmen gibt. In der Neuklassik sind zuweilen die Vorzeichen am Schlüssel weggelassen, z.B. in der Sarabande aus der viersätzigen Kavatina von

Alexander Tansman, die in H-dur steht und daher 5 ♯ am Schlüssel hätte bekommen sollen.

Vielleicht sollte es eine Rechtschreibung, einen großen Duden für die Gitarrenmusik geben. Wir aber weisen unsere Leser gerne auf die anderen Kapitel hin, in denen spezifische Probleme, auch im Zusammenhang mit der Notierung, behandelt werden, die wir hier vernachlässigen mußten, um den Organismus dieses Werkes nicht zu zerstören.

Kapitel III

Fragen der Spieltechnik

Dieser Abschnitt handelt vom Fingersatz, von der Lagenwahl, vom Anschlag und von den Sondereffekten beim Spiel von Werken aus der klassischen und romantischen Periode. Für die Notation siehe Kapitel II.

Vergleicht man zwei oder mehr Ausgaben ein und desselben Werkes, so werden dabei gleich Unterschiede im Fingersatz auffällig. Das kommt daher, weil Fingersätze gewissermaßen subjektiv sind. Man kann tatsächlich die Frage des Fingersatzes auf mehrere Weisen lösen, von denen die eine genau so gut ist wie die andere. Hierbei setzen wir voraus, daß dem Fingersatz eine gesunde Motorik und eine unbezweifelbare Logik zugrundeliegen. Dasselbe gilt im allgemeinen für den Anschlag.

Bei den Ausgaben klassischer und romantischer Gitarrenmusik soll mit berücksichtigt werden, daß die Entwicklung der Spieltechnik seit etwa 1850 nicht aufgehört hat. Vieles von der neuzeitlichen Technik geht zurück auf Neuerungen, die Francisco Tàrrega gegen Ende des 19. Jahrhundert einführte sowie auf die vorzügliche, leider allzuoft übersehene Arbeit Heinrich Alberts.

Was die linke Hand betrifft, so ist es auffällig, daß man heutzutage von etwas anderen Grundsätzen ausgeht als vor hundert Jahren. Der *Lagenwechsel* liefert uns davon ein einleuchtendes Beispiel. Giuliani würde die Tonleiter von Fis-dur anders spielen als wir:

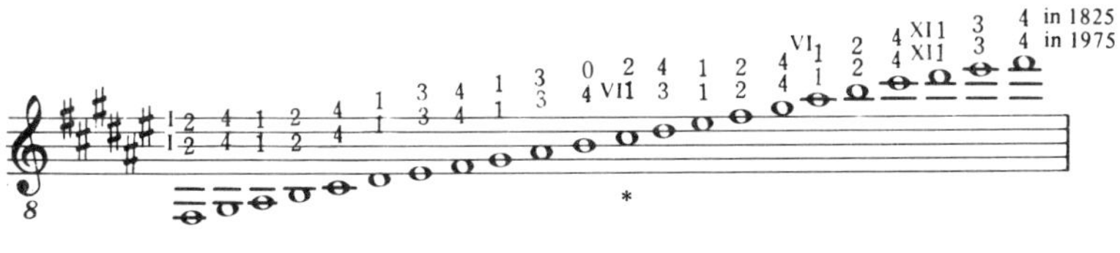

Giuliani bleibt also möglichst lange in der 1. Lage, während wir schon auf der ③ Saite in die VI. Lage übergehen. Die Entdeckungen im 20. Jahrhundert führen zur Schlußfolgerung, daß die VI. Lage ungefähr das Zentrum des Griffbretts bildet und sich motorisch gerade deshalb besonders eignet für den Lagenwechsel, auch durch die zentrale Lage der ③ Saite.

Es könnte noch vieles hierüber gesagt werden, was aber meist allgemein bekannt ist, Dieses Buch ist außerdem keine Gitarrenschule. Wir beschränken uns daher auf die Fragen der technischen Ausführung eines Werkes für die Interpretation, wobei wir von einer bereits vorhandenen, einwandfreien Technik des Spielers ausgehen müssen. Hierbei setzen wir die durchschnittliche technische Auffassung sowie eine Haltung des Instruments beim Spielen voraus, wie sie heute allgemein üblich sind.

Bekanntlich hielt Aguado seine Gitarre auf einem Tischlein neben sich, Carcassi stützte nach Lautenistenart den kleinen Finger der rechten Hand beim Steg auf die Decke, Sor war der erste, der mit freier rechter Hand spielte. In seiner Gitarrenmethode findet man sogar Diagramme, in denen das motorische Verfahren verdeutlicht wird, für jene Zeit ein beträchtlicher Schritt vorwärts.

Daumengriffen und schrägen Barrés begegnet man nicht mehr in der modernen Gitarretechnik, die Methodik der rechten Hand ist völlig entwickelt. Wir werden also von den jetzigen Verhältnissen ausgehen.
Umstimmungen (Scordatura) wie ⑥ → D (statt E), ⑥ → F (statt E), ⑤ → G (statt A) usw. sind noch immer üblich.

Vor allem Lagenwahl und -wechsel können für die Interpretation von relativ großer Bedeutung sein. Wenn man weiß, daß die Gitarre in den verschiedenen Lagen eine abweichende Tonfarbe besitzt, so wird man diese beim Spiel mit berücksichtigen müssen. Man soll also den Fingersatz und die Lagenwahl, bzw. den Lagenwechsel derart bestimmen, daß deren Folge im Verlauf des Werkes mit der Phrasierung parallel geht, und einem nicht etwa in der Mitte einer Phrase plötzlich eine störende Änderung in der Klangfarbe auffällt. Hierzu muß man zwar mitunter ein etwas schwierigeres Gesamtbild des Fingersatzes in Kauf nehmen, aber das lohnt sich immer: ist doch die Technik das Mittel und die Interpretation der Zweck.

Die Errungenschaften der neuzeitlichen Spielmusik sollte man selbstverständlich anwenden, wo das möglich ist, aber es unterliegt keinem Zweifel, daß – falls dies nicht mit den authentischen Klangnormen zu vereinbaren ist – man zu einem Kompromiß kommen muß. Da die Phrasierung weit größeren Einfluß hat, auch in technischer Beziehung, als man oft anzunehmen bereit ist, sollte der Spieler sich gerade mit dieser Phrasierung und mit der Stimmführung befassen, ehe er sich Gedanken über technische Fragen macht. Nun könnte man glauben, bei technischen Etüden spiele dies keine Rolle, aber das wäre weit gefehlt. Auch hier werden Fingersatz und Anschlag weitgehend mitbestimmt von der Phrasierung, denn schließlich sind auch technische Etüden Musik, und Musik gibt es überhaupt nicht ohne Phrasierung.

Die jetzige Gitarre unterscheidet sich in mancher Hinsicht von der klassischen. Ob sie ihr überlegen ist, mag wohl eine Geschmacksache sein. Die klassische Gitarre war kleiner, sie besaß eine kürzere Mensur, ihr Klang war intimer und silberner, ihr Griffbrett schmaler, und ihr Klangvolumen geringer als das der heutigen Gitarre, die gegen Ende des vorigen Jahrhunderts von Antonio Torres in Spanien entwickelt wurde. Die Klangwelt der echten Klassiker, wie Sor, Molino, Giuliani oder Carulli war denn auch von jener der späten Romantiker und Impressionisten grundverschieden.

Es mögen viele den kräftigen, sanften und dunklen Ton der modernen Gitarre bevorzugen, gegenüber den mehr bescheidenen Klängen der klassischen – man kann nicht umhin zu schließen, daß eine Aufführung von Musik aus den Jahren 1780–1880 nach den Auffassungen der Tárrega-Schule auf einem neuzeitlichen Instrument zwangsläufig weit entfernt ist von jeder Authentizität.

Heutzutage schlägt man die Saiten fast immer mit den Nägeln an, im Gegensatz zur klassischen Periode, da man sie häufiger mit den Fingerkuppen anschlug. Nur Dionysio Aguado (1784–1849) war allgemein bekannt als Nagelspieler. Das Nagelspiel ist auf unseren Gitarren aber unerläßlich, weil es dem Ton gerade ausreichend Spritzigkeit und Stärke verleiht, damit er nicht dumpf wirkt. Würde man klassische Musik auf einer modernen Gitarre ohne Nagelspiel zu Gehör bringen, so würde man um noch einen Schritt weiter vom Klangideal des Klassikers entfernt sein!

Jedem Handbuch über Gitarrenbau ist zu entnehmen, daß dieses Ideal und diese Vorstellung sich im Laufe des Jahrhunderts geändert haben. Es entstand ein Bedürfnis nach größerem Klangvolumen und es hat zahlreiche, heute mitunter komisch wirkenden Experimente zur Herstellung eines kräftiger klingenden Instruments gegeben, bis es Torres dann endlich gelang und er das Muster für die neuzeitliche Gitarre schuf. Das geschah aber erst während der späten Romantik in Spanien. Auch heute noch kann man Unterschiede im Klangcharakter nachweisen zwischen den spanischen Instrumenten eines Ramirez, Fleta oder Hernandez und beispielsweise deutschen Gitarren eines Hauser, Meinel oder Seiffert, wenn es auch spanische Werkstätten gibt, in denen man Gitarren herstellt, die einen dem deutschen Ton ähnlicheren Klangcharakter besitzen, wie z.B. bei Pedro Maldonado in Màlaga.

Beim Spielen klassischer Musik sollte man also die Toneigenschaften des Instruments in Betracht ziehen, oder besser gesagt: man sollte sich vorzugsweise für das Spiel klassischer Musik keine zu weich klingende Gitarre aussuchen, und außerdem sollte man immer bestrebt sein, einen hellen und deutlichen Ton zu erzeugen, ohne diesen mit einem übertriebenen „romantischen" Schleier zu überziehen. Mozart ist ja kein Anton Rubinstein und Sor ist kein Tàrrega! Die Frage ob Sor eine Gitarre des Torres-Typs schöner gefunden hätte als seine eigene, ist belanglos. Wir haben es mit einer bestimmten, vorhandenen Klangwelt zu tun, und wir sollten uns darauf einstellen.

Am nächsten kommt man dem klassischen Klang durch einen direkten Nagelanschlag ohne zu viel Berührung mit dem Fleisch der Fingerkuppe. Der Ton soll ja reicher an Obertönen sein, als es bei der modernen Gitarre meist der Fall ist. In diesem Zusammenhang kann auch die Marke der Saiten eine Rolle spielen. Natürlich darf ein Ton niemals rauh oder häßlich sein, aber die eine Saite klingt heller und silberner als die andere. Hier sollte man ausprobieren, was für seine Gitarre am günstigsten ist, vor allem im Falle der Besaitung eines Instruments, auf dem man klassische Musik spielen möchte.

Das Vibrato, der Länge der Saiten nach, ist wohl von den Streichern übernommen worden. Auf der doppelchörigen Barockgitarre gab es zwar auch ein Vibrato, zumindest bei den Franzosen, jedoch handelt es sich dabei um ein Transversalvibrato, der Breite der Saiten nach. Es ist anzunehmen, daß das Transversalvibrato sich nicht ohne weiteres vom Längsvibrato hat beiseiteschieben lassen, ganz ausgestorben ist es übrigens auch heute noch nicht. Wir würden dieses Vibrato für klassische Musik bevorzugen.

Sondereffekte in der Gitarrenmusik gab es bereits vor der klassischen Epoche, jedoch sind die meisten von ihnen im 19. Jahrhundert entstanden. Teilweise wurden sie der Musik der spanischen Zigeuner (Flamenco) entnommen. Da gibt es erstens die *Registrierung* durch die rechte Hand: am Schalloch (sulla bocca), am Steg (sul ponticello, metalico) und am Griffbrett (sul tasto). Obwohl die Vorschriften in den Urtexten fehlen, ist anzunehmen, daß mehrere Gitarristen die Techniken in Anwendung brachten, und zwar vor allem, um eine Kontrastwirkung bei der Wiederholung kürzerer Phrasen gleich nacheinander zu erreichen. Angesichts der Tatsache, daß die Stellung der Hand auch die Tonstärke und die Bildung der Obertöne beeinflußt, ist außerdem die Registrierung ein wichtiges Hilfsmittel in der Dynamik, wenn es um die feinsten Schattierungen geht, z.B. um den Unterschied zwischen *pp* und *ppp*

Zweitens gibt es Arpeggio-Effekte. Im *ff* ist da oft ein Lautenrasgueado mit i zu bevorzugen statt eines Arpeggios mit p.

Drittens fand die Einführung des Flageoletts in die Gitarrenmusik statt, zunächst nur der natürlichen, etwas später auch der künstlichen Abart (Sor, Allegro aus der 2. Großen Sonate, Seitensatz). Und viertens begegnet man dem Pizzicato relativ früh im 19. Jahrhundert. Man vergleiche diesen Abschnitt mit Kapitel II.: „Fragen der Notierung".

Die Spieltechnik bei diesen Sondereffekten dürfte jedem Gitarristen geläufig sein.

Kapitel IV

Ein Überblick über die Formenlehre

Es dürfte selbstverständlich sein, daß dieses Buch kein Lehrwerk der Form sein kann. Es gibt genügend ausgezeichnete Formenlehrbücher; daher ist die Aufgabe dieses Abschnittes über die Formenlehre in diesem Werk vor allen Dingen: die *Interpretation* klassischer und romantischer Gitarrenmusik von der Form heraus zu erläutern. Dabei soll der Inhalt dieses Abschnitts, wenn nötig, mit den anderen Abschnitten verglichen werden, in Bezug auf Notierung, Phrasierung, Tempo, einzelne Komponisten und Länder etc.

Daß eine richtige Interpretation ungeachtet welcher Komposition nicht stattfinden kann ohne eine *Analyse* der Form, ist leicht zu verstehen. Sämtliche Vortragselemente werden bedingt durch die Form: Tempo, Dynamik, Phrasierung, Akzentuierung und so fort. Dabei spielt die Eigenart des Instruments natürlich auch eine Rolle.

Widmen wir uns zunächst einmal den kleinen Formen. Die *einteilige Liedform* kommt vor in kleinen Liedern, Tänzen und Volksweisen. Beispiel:

Russische Volksweise „Brjuschka"

Nicht in jedem Fall ist die Melodie so symmetrisch wie hier, die Interpunktion in dieser Form ist jedoch immer ganz klar. Im obigen Beispiel schließen a wie b in der Tonika ab, meist wird nur b darin abgeschlossen, a hingegen in der Dominante.

Die *zweiteilige Liedform* besteht am häufigsten aus zwei einteiligen Liedformen. Beispiele findet man in großen Mengen unter den kleinen

Stücken, die jeder anfangende Gitarrist zur Übung bekommt, von Ferdinando Carulli, Matteo Carcassi, Joseph Küffner, usw. Carullis Andante Grazioso G-dur, op. 211 Nr. 2 hat folgendes Formschema:

//: a - a′ : //: b - c : //
A B

Hierbei werden Großbuchstaben für die erste, Kleinbuchstaben für die zweite Unterteilung verwendet. Die Bezeichnung a′ wird verwendet, wo ein Satzteil so wenig von a verschieden ist, daß eine Benennung mit b ungerechtfertigt wäre.
Häufig kommt auch vor:

//: a - a′ ://: b - a′ ://
A B

A wird in vielen Fällen in der Dominante, B so gut wie immer in der Tonika abschließen.

Bei Tänzen, wie bei kleinen Menuetten, Walzern etc. ohne *Trio*, kommt die zweiteilige Form sehr oft vor.

Es kann dem eigentlichen Stück auch eine *Einleitung* vorangehen, die bisweilen nur aus ein paar Takten besteht. Diese beeinflußt die Form weiterhin nicht. So bleibt auch das Formschema des 6. Präludiums h-moll von Francesco Molino im eigentlichen Allegroteil dasselbe, ohne daß die 2 1/2 Takte Lento-Einleitung etwas daran ändern.

Von den *dreiteiligen Liedformen* gibt es mehrere Varianten. Am einfachsten ist: A-B-A. Hierbei ist das zweite A die schlichte Wiederholung des ersten Teiles, also ein *Da Capo*. A-B-C kommt natürlich auch vor. Beispiele:

Ferdinando Carulli, Polonaise op. 241 II Nr. 4 (asymmetrisch)

//: a ://: b ://: c :// a / b //
A B A

Ferdinando Carulli, Walzer op. 121 Nr. 1 (symmetrisch)

//: a ://: b ://: c ://: d :// a / b //
A B A

Ferdinando Carulli, Walzer op. 241 II Nr. 2 (asymmetrisch)

//: a ://: b ://: c :// a //
A B A

Ferdinando Carulli, Ecossaise op. 121 Nr. 5 (symmetrisch)

//: a - a' ://: b - b' ://: c - a' ://
A B C

Häufig ist folgendes Formschema zu finden: Tanz-Trio-Tanz. Die Bezeichnung *Trio* für den Mittelteil eines Tanzes stammt aus der Zeit Ludwigs XIV. und bezog sich damals auf eine mehr bescheidene Orchesterbesetzung (2 Oboen und Fagott) für diesen Teil, wurde aber allmählich zum allgemeinen Kennwort für Mittelteile, nicht nur von Tänzen, sondern auch von Scherzi, Märschen etc.
Beispiele:

Ferdinando Carulli, Menuett op. 142 Nr. 20

//: a - a' ://: b - b' - a'' - c ://: d - e ://: f - d' :// a - a' / b - b' - a'' - c //
A B C D A B

Menuett Trio Menuett

Anton Diabelli, Menuett aus der Sonate A-dur

//: a ://: b - a :// c / a / b - a / d //
A B C A B D

Menuett Trio Menuett Coda

Dieses Stück ist völlig asymmetrisch und besitzt außerdem noch eine Coda (it.: „Schwanz"), also eine Art Epilog.

Außer für selbständige kleine Stücke wird diese Form oft benützt für den 3. Satz großer Sonaten (s. unten). Beispiele in der klassischen und romantischen Literatur sind die 1. Große Sonate von Sor, die Sonate op. 11 von Molitor (Scherzo) und die Sonate A-dur von Diabelli, in der Neuklassik die Sonate D-dur von Castelnuovo-Tedesco und die „klassischen" und „romantischen" Sonaten von Ponce.

Die *Rondoform* ist eine Erweiterung der Liedform. Bezeichnend für das Rondo ist das mindestens dreimalige Auftreten ein und desselben Themas (des Refrains); die Refrains sind voneinander getrennt durch Couplets, die in günstigen Fällen damit kontrastieren. Refrain wie Couplets sind an und für sich wieder Liedformen, meist zwei-, auch wohl dreiteilig. Sehr einfach ist die Form bei einem Allegretto von Matteo Carcassi:

//: A ://: B - A ://

Dies ergibt also A-A-B-A-B-A. Das Couplet ist zweimal dasselbe. Beim Rondo op. 241 Nr. 1 von Carulli finden wir:

A - B - A (gekürzt) - C - A - Coda

Tatsächlich wird A das zweite Mal meist gekürzt; dabei werden Anfang und Ende des Refrains zusammengeschoben.

Das große Rondo aus der Sonate A-dur von Diabelli liefert folgendes Beispiel:

A - B - C - A (gekürzt) - D - E - A - Coda

Ungekürzt bildet A hier eine vollständige, wenn auch asymmetrische dreiteilige Liedform: a - b - a. Im übrigen ist dieses Rondo ein sehr virtuoses und dramatisches Stück, das mit den Rondi von Carulli, Carcassi, Giuliani oder gar Sor keine innerliche Verwandtschaft zeigt und sich vielmehr mit Diabellis eigenen Klavierwerken oder mit jenen von Beethoven vergleichen ließe.

Das Rondo wird außer als selbständiges Werk häufig als Schlußsatz von Sonaten benützt. So z.B. in der 1. und der 2. Sonate aus op. 6 von Molino, in der 1. Großen Sonate von Sor, in den Sonaten von Carulli, etc.

Stehen die vorangegangenen Sätze nicht in der Sonatenform (s. unten), so werden Sonaten- und Rondoform oft *kombiniert*. Ein Beispiel liefert das Rondo aus der Sonate C-dur von Ferdinando Carulli mit dem Schema:

A - B - C - A - D - A - Coda

Nach einigen Takten in Moll besteht D weiterhin aus einer Transposition von C; C stand – wie der Seitensatz in der Sonatenexposition – in der Dominante (G), D jedoch steht in der Tonika. Es werden also die Verhältnisse aus Exposition und Reprise (s. unten) in der Rondoform wiedergefunden.

Die ältere französische Rondoform (Rondeau), wie bei Jean-Philippe Rameau und in der Passacailles und Chaconnes von Robert de Visée (Schema: A-B-A-C-A-D-A-E-A usw.) ist in der Klassik bereits verschwunden.

Rondino und *Rondoletto* sollten kleine Rondi sein. Meistens aber ist dies nicht der Fall, und sind es mehr oder weniger erweiterte Liedformen. Beispiel: Napoléon Coste, Rondoletto op. 51 Nr. 4, Schema: A-A-B-B-A.

Mit dem Begriff „Rondo" wird übrigens von mehreren Komponisten auch recht großzügig verfahren, besonders in der späten Romantik.

Mit *Sonate* (it. sonata, von „sonare" = klingen) deutet man zwei Begriffe an: erstens die *Sonatenform*, in der ein bestimmter Satz steht, und zweitens ein *zyklisches Werk*, von dem ein Satz nach dieser Form komponiert worden ist. Die Sonatenform hat sich im Laufe des 18. Jahrhunderts entwickelt. Das Normalschema dieser Form ist: Exposition-Durchführung-Reprise-eventuell Coda. In der *Exposition* werden zwei Themen dargestellt, die meist miteinander kontrastieren. Steht der Satz in Dur, so wird das 1. Thema (auch Hauptsatz genannt) in der Tonika stehen und das 2. Thema (oder Seitensatz) in der Dominante. Steht er hingegen in Moll, so steht das 1. Thema in der Tonika und das 2. Thema in der Paralleltonart. In der *Reprise* werden in Dur beide Themen in der Tonika stehen, und in Moll das 1. Thema in der Tonika und das 2. Thema in der gleichnamigen Tonart. Beispiele:

	Exposition		Reprise	
	1. Thema	2. Thema	1. Thema	2. Thema
Dur:	C-dur	G-dur	C-dur	C-dur
Moll:	a-moll	C-dur	a-moll	A-dur

Die beiden Themen werden in der Exposition durch einen Überleitungsteil verbunden (häufig mit eigenem thematischen Material) der die Modulation besorgt. Fehlt dieser Teil, so ist die Rede von einer *Sonatine*, obwohl die Überschriften „Sonate" und „Sonatine" von mehreren Komponisten nur benützt werden, um die Länge des Werkes zu charakterisieren.

In der *Durchführung* werden Motive aus beiden Themen und aus dem Überleitungsteil, sowie oft neues Material verarbeitet, variiert und umspielt. In frühen Sonaten liegt der Nachdruck auf Exposition und Reprise, aber bei späteren befindet sich der Schwerpunkt immer mehr in der Durchführung. Die *Coda* wird auch immer wichtiger und kann sogar ein völlig ausgearbeitetes neues Thema in sich beherbergen. Da der Umfang dieses Buches eine erschöpfende Behandlung dieser vielleicht kompliziertesten Form aus der Klassik nicht zuläßt, wollen wir es dabei bewenden lassen, einige Beispiele zu geben von wichtigen Sonaten; als *zyklisches Werk* ist die Sonate nämlich von größter Bedeutung für die klassische Epoche.

Der *erste Satz* steht meist in Sonatenform. *Zweisätzig* sind die Sonaten op. 6 Nr. 2 und 3 von Francesco Molino und einige Sonaten von Ferdinando Carulli; fehlt da die Sonatenform im 1. Satz, so ist sie meist im Rondo verarbeitet (s. oben). Bei Molinos Sonate G-dur, op. 6 Nr. 2 – vielleicht einem seiner berühmtesten Werke – beschränkt sich die Durchführung auf 22 Takte, in denen kaum etwas Auffälliges geschieht; dann kommt bereits die Reprise, ähnlich wie bei Joseph Haydn, mit dem Molino vieles gemeinsam hat. Der *zweite Satz* ist – bei Sonaten mit drei oder mehr Sätzen – ein langsames Stück, sehr oft in Liedform. Gibt es nur 3 Sätze, so steht nunmehr der schnelle Schlußsatz. Bei 4 Sätzen geht diesem ein Menuett, Scherzo oder dgl. voraus. Der *Schlußsatz* ist meist ein Rondo (s. oben) oder ein Thema mit Variationen (s. unten). Von jener Gattung bietet die Sonate op.6 Nr. 3 von Molino ein Beispiel.

Von den *dreisätzigen* Sonaten sind weiter anzuführen: die Sonate A-dur von Ferdinando Carulli und die Sonate F-dur von Anton Diabelli.

Viersätzig sind die Sonaten C- und A-dur von Diabelli und die beiden Großen Sonaten op. 22 und 25 von Sor.

Einsätzig ist Sors „kleine" Sonate C-dur op. 15 II. Das trifft auch zu für die Sonata Eroica op. 150 von Giuliani; da handelt es sich freilich um ein virtuoses Paradestück von beträchtlicher Länge.

Auch *Ouvertüren* sind fast immer einsätzige Sonaten, jedoch geht ihnen meist eine langsame Einleitung voraus. Derartige Kompositionen schrieben μ.a. Giuliani, Carulli, Filippo Gragnani und Johann Kaspar Mertz.

Auch in der Neuklassik wird man der Sonate und der Sonatine mit verschiedener Satzzahl häufig begegnen. Komponisten, die da zu erwähnen wären, sind Mario Castelnuovo-Tedesco, Manuel M. Ponce, Heinrich Albert, Joaquin Turina, Anton Stingl und viele andere.

Natürlich hat es auch Komponisten gegeben, von denen man „Sonaten" oder „Sonatinen" kennt, die kaum oder gar nichts mit jener Form zu tun haben. Beispiele sind Niccoló Paganini und Joseph Küffner, während Giuliani, zumindest bei der 1. und 2. Sonatine aus einem op. 71, in dieser Hinsicht etwas großzügig war.

Die Gepflogenheit in vorklassischer Zeit, einem Thema eine variierte Version desselben folgen zu lassen, und in der *Variationensuite* sogar von einer ganzen Reihe solcher (die meist, wie in der gewöhnlichen Suite, Tanzgestalt hatten), führte zum Entstehen der Form: *Thema mit Variationen.* Ein kurzes Thema mit einer Anzahl aneinandergereihter, meist ohne Unterbrechung zu spielender Variationen, war bereits die große Mode unter den spanischen Vihuelisten des 16. Jahrhunderts, wie Luys de Narváez, Luys Milán, Alonso Mudarra usw., und auch bei den englischen Lautenisten, wie John Dowland, Robert Jones und vielen anderen. Häufig wurde auch ein Baßthema ständig wiederholt, wobei es von abwechslungsreichen Gegenthemen in den oberen Stimmen umspielt wurde (Basso ostinato). So entstanden aus Tänzen mit Basso ostinato, der englische Ground, die Passacaglia und die Chaconne. Vielfach waren es allgemein beliebte Melodien, die dabei als Vorlage dienten. Ein Musterbeispiel ist „La Folia d'España", das unter den Barockgitarristen bei Robert de Visée und Gaspar Sanz Verwendung fand, ferner auch bei François Couperin „le Grand" und Georg Friedrich Händel. Als Thema mit Variationen hat diese Melodie sich Jahrhunderte hindurch behauptet, wir begegnen ihr während der Klassik bei Sor (op. 15) und Giuliani, in neuerer Zeit bei Manuel Ponce.

Von der Variationenform gibt es mehrere Gattungen. Um nicht die Rolle eines Formenlehrwerks zu spielen, beschränken wir uns hier auf eine flüchtigere Einteilung in: (A) die „strenge" *melodische* Variation, (B) die „freie" *Charakter*variation, und (C) die *Variation ohne* vorangegangenes, fixiertes *Thema.* Hierbei gibt es immer Grenzfälle.

Im allgemeinen bleibt in der melodischen Variation das Thema immer deutlich erkennbar, auch in Umspielungen, Verzierungen, rhythmischen Abänderungen sowie solchen des Taktes, des Tempos, der Tonart oder des Tongeschlechts oder aber auch der Stimmführung. Es können gleichfalls die Gegenstimmen sich verwandeln und in den genannten Einzelheiten sowie in der Harmonik anders gestaltet werden. Außerdem kann eine Variation noch homophoner oder polyphoner Natur sein.

Interessante und typische Beispiele der *melodischen* Variation sind: die Variationen D-dur über „Au Clair de la Lune" op. 7 von Matteo Carcassi, die beiden Themen mit Variationen C- und F-dur aus op. 11 von Sor, und die Themen mit Variationen einiger osteuropäischen Komponisten, wie die Russen Andrjej Sychra (Dumka-Variationen und Laschetschka-Variationen) und Mikail Vissotskyi (Ti-Odschujesch-Variationen) und die Polen Karol (Charles) Wyhowski (Variationen über ein Originalthema) und Feliks Horecki (4 Variationen mit Einleitung und Coda, op. 22).

Die berühmte Zauberflötevariationen op. 9 von Sor gibt es in zwei Versionen, von denen die ältere (die Pariser) wohl der Auffassung des Komponisten in der Entstehungszeit persönlich am nächsten stehen dürfte. Nach einer Moll-Einleitung erscheint das Thema in Dur, das aber an und für sich bereits eine Variation darstellt, und zwar über „Das klinget so herrlich" aus Mozarts berühmter Oper. Im 20. Jahrhundert bearbeitete die österreichische Gitarristin Luise Walker das Werk in dem Sinne, daß sie (wie auch Andrés Segovia) die ursprüngliche Einleitung strich; dafür ließ sie eine Transkription für Gitarre des Themas von Mozart an die Stelle treten, auch versah sie das Werk mit einer Flageolettvariation.

Von Mozarts eigenen Werken ist sein „Ah! Vous dirais-je Maman", auch bekannt als „Heute kommt der Weihnachtsmann" oder „Morgen woll'n wir Hafer mäh'n", ein Musterbeispiel melodischer Variation. Von den Neuklassikern war es Anton Stingl, der unter der Opuszahl 15F darüber eine Art Variationensuite komponierte, wobei er streng am Thema festhielt.

Es mag sein, daß sie hier und da weniger „streng" sind, jedoch gehören zur melodischen Variation noch viele andere Werke, von denen wir einige der wichtigsten erwähnen: von Carcassi die Variationen op. 17 über „Le Songe de Rousseau"; die Variationen über dasselbe Thema als Schlußsatz der 3. Sonate von Molino; die Variationen über ein Thema von Händel, von Giuliani; vom gleichen Komponisten die Variationen über ein Thema von Paesiello aus dem Quintett für Gitarre und Streicher A-dur (und man vergleiche als dankbares Objekt diese Variationen mit denen über dasselbe Thema von Sor, op. 16); Einleitung, Thema und Variationen op. 224 von Luigi Legnani; und in der Neuklassik das Variationswerk „Carneval von Venedig" von Heinrich Albert. Dem Thema mit Variationen kann man entweder als Schlußsatz einer Sonate begegnen oder als selbständiges Werk; es kann auch Teil einer Fantasia sein (s. unten).

Für Gitarre kommt die *Charaktervariation* in der Klassik und der Romantik nur ganz vereinzelt vor. Gute Beispiele gibt es da kaum: immer wieder stellt sich heraus, daß die Variationen zu streng am Thema haften. In der Neuzeit sind fast auch nur die Folia-Variationen von Ponce (die mit einer großen Fuge enden) und die „Variazioni attraverso i Secoli" von Castelnuovo-Tedesco als echte Charaktervariationen zu bezeichnen. Die Variationensuite von Joseph Lechthaler schließt sich im neuzeitlichen Gewand den Traditionen des 17. Jahrhunderts an, die Passacaglia von Franz Burkhart macht es nicht anders.

Ohne daß ein wirkliches, im weiteren Werk zu variierendes *Thema* vorhanden ist, kann es trotzdem Variationen geben, die innerliche musikalische Verwandtschaft zeigen. Aber hiervon gibt es in der Gitarrenliteratur der Klassik oder Romantik kaum Beispiele, es sei denn, daß Sors Meisterwerk, die Fantasia Elegiaca op. 59 in der ersten Hälfte – vor dem Dursatz – deutliche Züge davon aufweist, die am Schluß der ganzen Fantasie noch einmal erneut in Erscheinung treten. Bei den Neuklassikern findet man ein ähnliches Verfahren (Variationen ohne Thema) in der „Marcia Funèbre" aus der „Suita Polska" von Jan-Anton van Hoek, die themenlose Variationen mit der französischen Rondoform verbindet.

Als Schlußsatz einer Variationenreihe folgt entweder die Wiederholung des Themas (Da Capo), oder ein oft brillantes *Finale* oder aber ein anderes Ende, wie in den Folia-Variationen op. 15 von Sor ein Menuett, oder in denen von Ponce eine Fuge.

Die *Fantasia* ist in klassischer und romantischer Zeit kein polyphones Gebilde, sondern – wie der Name bereits sagt – eine (augenscheinlich) frei-improvisierende Komposition. Auch hier kommen wieder mehrere Abarten vor. Die „Fantaisie et Variations Brillantes" op. 30 von Sor fängt mit einer langsamen Einleitung an, dann folgen ohne Unterbrechung Thema mit Variationen und Sonatensatz. Seine Fantasia Elegiaca op. 59, nirgendwo wirklich schnell, beginnt sehr langsam und endet, nach einem Trauermarsch, mit langsamem Nachspiel. Von den romantischen spanischen Komponisten sind zwei Werke anzuführen: die Große Fantasie von Julian Arcas, die langsam anfängt und sich dann potpourriartig weiterentwickelt, sowie die Fantasie „La Parisienne" von Jose Viñas, bei der die langsame Einleitung fehlt und die eine große, brillante Polonaise enthält. Die Große Fantasie op. 14 des polnischen Komponisten Feliks Horecki beginnt wieder langsam und besteht weiter aus einem etüdenartigen Hin-und-her, bei dem manches den Etüden von Giuliani entnommen wurde (!).

Die *Opernfantasie*, der sich mehrere italienische Komponisten widmeten – sie war die kommerzielle Musik jener Epoche – besitzt eine ähnliche Struktur wie die normale Fantasie. Außerdem gibt es viele Themen mit Variationen nach damals beliebten Opernmelodien. Sehr beliebt war gleichfalls die Arie „Nel cor più non sento" aus Paesiellos Oper „La Bella Molinara". Diese Arie wurde von Sor mit Gitarrebegleitung arrangiert. Er benutzt sie auch im Thema mit Variationen, wie mehrere seiner Kollegen, so u.a. Giuliani. Von den Neuklassikern sollte man zunächst den Spanier Joan Manén nennen, dessen magistrale Fantasia-Sonata eine deutliche Mischung von Fantasia (ohne Variationen) und Sonatenform darstellt. Anton Stingls „Improvisation über eine mittelalterliche Weise" op. 46, gehört dem Typ der Variationenfantasie an. Der polnische Komponist Witold Rudziński schrieb seine „Fantazja na Tematy Góralskie" als einheitliches Gebilde improvisierenden Charakter, mit mehreren Themen, die im Laufe des Werkes entwickelt und kombiniert werden.

Da die *Polyphonie* in der gitarristischen Klassik von keiner großen Bedeutung ist, wollen wir hier nicht weiter darauf eingehen. Kapitel VI. (Interpretation) wird die besonderen Bedingungen beim Vortrag jedoch ausreichend behandeln. Da die Fuge, der Kanon, die Passacaglia, die polyphone Fantasie usw., völlig fehlen, brauchen wir sie an dieser Stelle nicht weiter zu erwähnen. Ich verweise den interessierten Leser auf mein Werk „Polyphony and Guitar in Early Music" (Buenos Aires, 1977). Wir begnügen uns jetzt damit, einige Beispiele von Werken mit polyphonen Merkmalen aus der Klassik und der Romantik anzuführen.

Da gibt es bei Sor die Etüden op. 6 Nr. 8, und op. 29 Nr. 5; bei Legnani das Capriccio op. 20 Nr. 10; und bei Coste die Etüden op. 38 Nr. 5, 7, 12, 15 und 17. Von Giuliani ist die „Fughetta" op. 113 durchaus keine Fughetta: der Komponist war offenbar inspiriert von den „Aylesford Pieces" von Händel, in denen man einem ähnlichen Stück begegnet, das zwar polyphon ist, jedoch keinerlei Fugenmerkmale zeigt. Carcassis Etüden op. 60 Nr. 6 und 11, einige Stücke von Carulli und viele Miniaturen anderer Komponisten aus der Epoche weisen gleichfalls polyphone Züge auf. In der Neuklassik gibt es eine Menge teilweise oder ganz polyphoner Werke, die aber außerhalb des Bereiches dieses Buches fallen. Da wären vielleicht noch die Etüden von Heinrich Albert anzuführen, unter denen sich auch einige Stücke finden, die polyphone Merkmale zeigen.

Mischformen sind solche, die deutliche Elemente verschiedener Formgattungen in sich beherbergen. Die beim Rondo bereits behandelte Mischung aus Rondo- und Sonatenform ist so eine. Das trifft auch zu für andere Kombinationen: die *Imitation* („Nachahmung" eines Themas in einer anderen Stimme, oft in anderer Tonart) und Elemente der Sonatenform, wie in Sors op. 29 Nr. 5; und Lied und Rondoform wie in den angeblichen Rondi, die nicht ganz Rondi sind (Coste, „Rondi" op. 51 Nr. 7 und 11); und so könnte man noch lange weitergehen.

Selbstverständlich ist es immer erforderlich, die Elemente aus den verschiedenen Formen zu analysieren, damit ein einwandfreier Vortrag möglich sein.

Eine vorangehende *Analyse* der Form ist – wie bereits zu Beginn dieses Abschnitts gesagt – beim Einstudieren, bzw. Üben eines Werkes von größter Bedeutung. Dazu braucht man zunächst nur das *thematische Material* ausfindig zu machen. Beim Rondo hängt dies selbstredend zusammen mit dem Refrain zusammen; ferner soll man feststellen ob der Refrain vollständig oder verkürzt ist. Zwischen einem Couplet und dem Refraineinsatz kann auch noch ein „Extra" stehen, das lediglich diesem

Einsatz vorbereitet und das man bezeichnen kann als *„allgemeinen Auftakt"*. Und schließlich kann es eine Coda – zuweilen eine ziemlich lange – geben.

Analysieren wir die Sonatenform einmal etwas genauer. Hier soll man sich das thematische Material von beiden Themen sowie des Überleitungsteils gut einprägen, damit man es in der Durchführung wiederfindet. Man berücksichtige, daß es namentlich in den größeren, und zwar vor allem in den romantischen Sonaten (Diabelli!) in allerhand Varianten in Erscheinung treten kann. Auch in der Coda – falls es eine gibt – ist häufig thematisches Material aus der Exposition zu finden. In längeren Durchführungen werden ferner oft neue Motive in derselben Weise verarbeitet wie Material aus der Exposition. Man achte aber auch auf neues Material im etwaigen Reprise-Überleitungsteil, der – wenn auch nicht nach der Dominante oder Paralleltonart modolierend – zum Reprisebestand gehören kann, und in der Coda, denn es gibt Sonaten in deren weiteren Sätzen Material aus den vorangegangenen auftritt. Es ist durchaus nicht unmöglich, daß der Komponist einen ganzen dritten oder vierten Satz aus Motiven aus dem ersten aufbaut. Das geschieht scheinbar unauffällig, aber man darf hierbei nicht vergessen, daß Tonart, Takt und Rhythmus der anderen Sätze dem ersten Satz natürlich nicht gleich zu sein brauchen (und auch selten sind), da das ganze Gebilde sonst zu monoton werden könnte. Eine Sonate in der bei genauer Betrachtung, bzw. intensivem Zuhören, mehrere Sätze deutlich auf gemeinsamen motivischen Material beruhen, kann man als „organisch komponiert" bezeichnen.

Beim Thema mit Variationen sollte man sich gleichfalls mit dem motivisch-thematischen Material intensiv beschäftigen. Bei jeder Form ist ein solches Verfahren schon deshalb unerläßlich, weil man sonst den Gedanken des Komponisten nicht zur Geltung kommen ließe. Diese thematischen Elemente sind selbstverständlich außerordentlich wichtig und sollen deutlich hervorgehoben werden (s. Kapitel VI.). Ferner sei darauf hingewiesen, daß von den oben genannten Formen die wichtigsten in der Literaturliste aufgeführt sind, die sich im Anhang dieses Werkes befindet.

Kapitel V

Zeit, Raum und Gitarre

Für eine stilgerechte Interpretation ist die Erforschung der Umstände, unter denen ein bestimmtes Werk komponiert wurde fast unentbehrlich. Dies steht vor allem in Zusammenhang mit der Zeit und dem Land, in denen es geschaffen wurde, weil Volksart und Modestil in den Epochen der Klassik und Romantik allmählich eine immer größere Rolle spielten.

Der Komponist kann sein Werk unter den verschiedenartigsten Einflüssen geschrieben haben. Diese sind:

Erstens – die lokalen Einflüsse: beim heranwachsenden Nationalismus im 19. Jahrhundert wurde die Bedeutung von Volksweisen und -tänzen immer größer;

Zweitens – die Entwicklung des Gitarrenbaus und der Spieltechnik: Möglichkeiten und Ansprüche wuchsen ständig;

Drittens – die Mode der eleganten Welt: Gesellschaftstänze, Operneinflüsse usw.;

Viertens – das Vorbild maßgebender Komponisten außerhalb der Welt der Gitarre: Opernkomponisten und Instrumentalvirtuosen wie Paganini, Chopin, Liszt u.a.; und

Fünftens – die vom komponierenden Gitarristen auf Reisen ins Ausland gesammelten Eindrücke.

Daß es dabei auch noch eine wichtige persönliche Note gibt, steht außer Frage. Die größten der Gitarrekomponisten – und dies ist vor allem bei Sor deutlich zu erkennen – haben alle diesen Einfluß in den Dienst ihrer eigenen Kunst gestellt und dabei nichts von ihrer persönlichen Sprache preisgeben müssen. Sechstens, kann man also die persönliche Stilentwicklung des Komponisten nennen.

Unter Verweisung auf die anderen Abschnitte, werden wir jetzt an Hand des Schaffens einiger Komponisten näheres über die Zusammenhänge zwischen Zeit, Raum und Gitarrenmusik zur Sprache bringen.

Daß *örtliche Bräuche* oft den Ausgangspunkt für die Musik darstellen, beweisen bereits die vielen Tänze nach ursprünglich regionaler Tradition. Lange bevor sie auf kürzere oder längere Frist Europa eroberten, waren z.B. die Mazurek (Mazurka) und die Polonaise (Polonez) in Polen allgemein beliebte Traditionstänze. Im Album „Z Poloňezów Polskich" von Józef Powroźniak kann man die Entwicklung der Polonaise vom Barock bis zur späten Romantik verfolgen, wobei auffällig ist, daß, obwohl im Verlauf dieser Entwicklung ausländische und auch zeitbedingte Einflüsse festzustellen sind, die Polonaise trotzdem – dem Metrum, dem Rhythmus, der Melodik und der Harmonik nach – die typisch polnischen Merkmale nie preisgegeben hat.

Ähnliches kann man feststellen beim Ländler und beim Walzer. Letzterer trat seinen Siegeszug erst an, nachdem er schon in Österreich modern geworden war. Man braucht nur an das Menuett zu denken, um zu erkennen, daß Tänze Gegenstand einer längeren Evolution sein können. Beim Walzer ist eine Entwicklung seit den Drehtänzen der Renaissance nachweisbar. Der Weg vom Bauernhof zum Salon der *Bourgeoisie* – was für unsere Epoche wichtig ist – kann auch immer umgekehrt verfolgt werden. Man vergleiche da auch die böhmische Polka.

Es gibt also *Volkstänze*, die sich bereits weithin entwickelt hatten, als sie anfingen, die Welt der europäischen Tanz- und Kunstmusik zu beherrschen, aber es gibt auch einige, die viel urwüchsiger anmuten, und deren Aufnahme in das Repertoire der Kunstmusik denn auch meist spät im 19. Jahrhundert stattgefunden hat. Das sind u.a. der russische Trepak, die süditalienische Tarantella und die vielen aus der Flamencomusik der spanischen Zigeuner stammenden Tänze wie Seguidilla, Bolero, Zortzico, Fandango, Fandanguillo usw. Das hängt wiederum zusammen mit dem Emporkommen des *Nationalismus* und der damit verbundenen Verherrlichung des Eigenen, Volkstümlichen. Es spielt dies nicht nur für den Tanz eine Rolle: auch kompliziertere Werke wie Sonaten und vor allem Themen mit Variationen bedienen sich im Verlauf der Epoche immer mehr der Motive der heimischen Folklore des Komponisten, was am deutlichsten bei den Spaniern in Erscheinung tritt, und zwar besonders in der Zeitspanne ab 1850. Viele Kompositionen von Francisco Tàrrega sind ausgesprochen „nationalistisch", womit er sich anderen spanischen Komponisten wie Isaac Albeniz und Enrique Granados anschließt. Heutzutage noch lebt in den Werken von Frederico Moreno-Torroba die Volksmusik oder zumindest das Volkstümliche weiter.

Bei den Russen ist immer wieder die Vorliebe für die Klänge des eigenen Volkes auffällig, sei es während des Kaiserreichs, sei es in der Gegenwart. Deutlich ist dabei zu erkennen, aus welchem Teil des riesigen Reiches der Komponist stammt, oder mit welcher Volksmusik (es gibt sehr viele Völker) er sich am meisten verbunden fühlt. Da könnten aus der russischen Neuklassik zwei Beispiele einleuchtend sein: das typisch russische „Russkaja Napev" von Aleksandr Ivanov-Kramskoj und die „Usbekskyi Tanjetsch" von Mikail Jordanskyi. Letzteres Werk enthält ureigene Elemente der usbekischen Volksmusik. Wurde nun eine bestimmte Tanzart für kurz oder lang in Europa populär, so wandte sich der Komponist ihr oft zu – und paßte sie seiner eigenen Nationalität mehr oder weniger an.

Beispielsweise schließt eine Polonaise „weiblich" ab, d.h. am leichten Teil des Taktes:

Jan Padovec, Polonaise A-dur

In den meisten Polonaisen italienischer Komponisten folgen diesem Schluß noch zwei oder drei Takte „Coda" mit männlichem Schluß, also am schweren Taktteil. Man begegnet einer solchen Schreibart bei Carulli (Alla Polacca A-dur, op. 241 Nr. 16), Legnani (Capriccio op. 20 Nr. 33), aber auch bei der Alla Polacca D-dur des Slowaken Johann Kaspar Mertz und bei vielen anderen. Als Titel für die Polonaise wird von west- und südeuropäischen Gitarristen häufig „Polacca" oder „Alla Polacca" benützt, was „auf polnische Weise" bedeutet.

Dieses *alla „so und so"* war damals sehr verbreitet: man imitierte damit gleichsam Ausländisches oder versuchte, dadurch der Komposition etwas Exotisches zu verleihen.

Polkas wurden vor allem von Gitarristen aus der Donaumonarchie geschrieben wie z.B. von Mertz.

Der Mazurka begegnet man im Westen viel seltener. Von den „westlichen" Mazurkas sollten die schönen Miniaturen von Aguado erwähnt sein. Erstaunlich ist dabei, daß – obwohl sie im Rhythmus deutlich als solche zu erkennen sind – einige Gitarristen sie später nicht als Mazurkas, sondern als Walzer (!) herausgaben. Eine Mazurka D-dur von Sor mag er wohl unter Einfluß seines Aufenthalts in Rußland geschrieben haben. Dort war bis Ende des 19. Jahrhunderts die Mazurka ein beliebter Hof- und Gesellschaftstanz, der sich zumindest während der Regierung Kaiser Alexanders III. noch behauptet hat.

Ungarische Themen und Rhythmen verarbeitet Mertz in einigen seiner Werke, die ukrainische Dumka findet in Polen und Rußland Verwendung.

Märsche können die verschiedenartigsten Traditionseinflüsse einzelner Länder aufweisen. Daß dabei auch „Nebenrhythmen" außer denen für den Marsch spezifischen in Erscheinung treten können, liegt auf der Hand. Vielleicht hat die Tatsache, daß die Polonaise ein geschrittener Tanz ist, dazu beigetragen, daß in den unstreitig polnisch gearteten Märschen von Wojciech Jaworski („Großer Pathetischer und Polyharmonischer Marsch" op. 1) und Jan Nepomucen Bobrowicz polonaisenähnliche Rhythmen auftauchen. So sind Marsch und auch Trauermarsch bei den Italienern und Spaniern auch nicht wesentlich anders als bei Diabelli oder bei den Polen.

Zeiteinflüsse sind selbstverständlich bei den Tänzen immer leichter spürbar. Die Neuklassiker komponieren meist anders als ihre Vorgänger im 19. Jahrhundert, wenn sie auch Polonaisen, Mazurkas, Polkas, Walzer oder Märsche schreiben. Man vergleiche da den Marsch op. 38 Nr. 18 von Anton Stingl, die beiden Walzer aus den „Variazioni attraverso i Secoli" von Castelnuovo-Tedesco, die Polonaise aus der „Suita Polska" von Van Hoek, oder wer es „moderner" haben möchte, die Tänze aus dem Werk „Hommage à Chopin" von Stanisław Mroński. Die Walzer des venezolanischen Komponisten Antonio Lauro schließlich besitzen eine deutliche „couleur locale", bei der die Einwirkung der Musik von Kreolen und Mestizen ganz nahe liegt.

Die Entwicklung des *Baus der Gitarre,* die Verwandlung der *Sitzhaltung* beim Spielen, die immer fortschreitende *Technik* beim Spiel und die mit alldem Schritt haltenden Ansprüche haben nicht nur der Etüde zum weiteren technischen und musikalischen Ausbau verholfen, sondern das ganze Schaffen für unser Instrument bestimmt. Da wäre vieles zu bemerken, was jedoch in den Abschnitten II. und III. bereits geschehen ist, so daß wir uns auf die Bemerkung beschränken, daß Techniken wie Tremolo usw., die im Anfang des 19. Jahrhunderts noch Ausnahmen waren, im Laufe der Epoche aber immer häufiger vorkamen und die Komponisten dazu veranlaßten, derartige Schreibweisen in ihre Werke aufzunehmen. Sondertypen der Gitarre wie z.B. bei Coste die siebensaitige (mit einer Bordunsaite auf D) oder bei Mertz die zehnsaitige (mit 4 Bordunsaiten D-C-H-A; heute hat der spanische

Gitarrist Narciso Yepes eine neuzeitliche Version davon wieder eingeführt) oder die abweichend gestimmte siebenseitige russische Gitarre, deren Spiel neben dem der sechssaitigen in der Sowjet-Union noch immer gepflegt wird – alle haben sie die Komponisten, die sie spielten und propagierten, in deren Schaffen beeinflußt.

Die „Brotgeber" der meisten Gitarristen stammten aus der sog. *„eleganten Welt"*, sei es, daß sie des Künstlers Auditorium bei dessen öffentlichen oder intimeren Konzerten bildeten, oder daß sie seine Schüler waren. In beiden Fällen mußte der Gitarrist ihren Wünschen und allzuoft auch ihrem Geschmack Rechnung tragen. Daß solche Verhältnisse auf sein Schaffen Einfluß hatten, läßt sich ohne weiteres verstehen.

In erster Linie trifft dies schon zu für die vielen Fantasien und Themen mit Variationen, die in jener Zeit nach beliebten Melodien und Weisen aus Opern usw. komponiert wurden. Unter diesen Werken gibt es die reizendsten Kompositionen bis zu den geschmacklosesten Gebilden herab. Im allgemeinen sind derartige Salonstücke (als mehr können sie meist nicht gelten) am besten gelungen bei Matteo Carcassi (1792–1853). Dem Herzog von Reichstadt, Sohn Napoleons I., widmete er Variationen über dessen Lieblingswalzer, eine Komposition von Joseph Lanner. Die typischen Merkmale der Wiener Volksmusik – heute noch bei den *„Schrammeln"* zu entdecken – lassen sich da deutlich wiedererkennen und auch interpretieren, vorausgesetzt, man wendet da Rubato, Portamento und Glissando entsprechend an.

Die in der *Society* beliebten Tänze stellten ebensosehr einen festen Bestandteil des Schaffens jedes Gitarristen dar. Menuette wurden immer seltener (sie waren bereits fast keine Tänze mehr, sondern kleine Spiel- und Konzertstücke oder sie dienten der Übung), Anglaisen, Kontratänze und Ecossaisen tauchen in der Restaurationszeit erneut auf und verschwinden bald wieder.

Die Polonaise hielt sich länger, auch schon wegen ihrer Eignung als virtuoses Konzertstück und vielleicht ein wenig durch das Interesse für alles Polnische, das (in Zusammenhang mit den politischen Entwicklungen in der Mitte des 19. Jahrhunderts) allenthalben spürbar war. Dem Walzer waren während des ganzen Jahrhunderts und auch später Triumphe beschieden.

Also gab es *Mode-* und *Gelegenheitskompositionen.* So komponierte Sor anläßlich der Krönung Kaiser Nikolajs I. von Rußland das Ballett „Herkul und Omphale".

Die *Didaktik* nötigte die Gitarristen – als Pädagogen – auch zum Komponieren von Etüden, die für Unterrichtszwecke geeignet waren, von Vortragsstücken, Duetten, Trios und Gitarren-Kammermusik. Das bekannte Trio für Flöte, Viola und Gitarre, op. 26 von dem in Wien als Chordirigent tätigen Tschechen Václav Matiegka (1773–1830) wurde von Franz Schubert mit einem extra-Satz und einer Violoncellostimme versehen und ist heute noch bekannt als sein „Gitarrenquartett". Aus der Notwendigkeit, für die Schüler spielbare, didaktisch geeignete und zu gleicher Zeit vergnügliche Stücke zu komponieren, ergab sich eine Fülle auch heutzutage noch gern gespielter kleiner Werke, die ein reizendes Bild von der charakteristischen Musik der (Wiener und Pariser) *Biedermeierzeit* vermitteln. Man findet darunter schöne Miniaturen, jedoch auch wie üblich belanglose Melodien ohne musikhistorische Bedeutung.

Die Beliebtheit des von der Gitarre begleiteten *Liedes* führte dazu, daß man viele Transkriptionen nach anderen Besetzungen schrieb und auch zahlreiche neue Lieder komponierte. Das taten nicht nur die bekannten Berufsgitarristen, sondern auch Komponisten wie Ludwig Spohr, Carl Maria von Weber und andere. Auf Grund mehrerer Tatsachen, z.B. der Schreibart, liegt es nahe, anzunehmen, daß Schubert den größten Teil, zumindest seiner „früheren" Lieder, ursprünglich mit Gitarrenbegleitung komponierte und diese später für Klavier umarbeitete.

Die allgemeine Vorliebe für die Gitarre verursachte eine *zweite Blütezeit* dieses Instruments; die erste Blütezeit war jene der Barockgitarre in der zweiten Hälfte des 17. Jahrhunderts gewesen.

Als Vorbild dienten auch damals berühmte Virtuosen anderer Instrumente. Unter ihnen gab es unvergeßliche Größen wie Liszt und Chopin, oder den Meistergeiger Paganini, aber auch jene immer wieder auftauchende Gruppe, die zwar großartiges technisches Können zeigt, leider aber weit entfernt ist von jeder echten, innerlichen Musikalität. Bereits um die Jahrhundertmitte schleuderte der in Sankt-Petersburg tätige Beethovenspezialist und Musiker W. de Lenz in seinem aufschlußreichen Buche „Beethoven et ses trois Styles" (Bruxelles, 1854) vernichtende und auch sehr wahre Worte in das Gesicht solcher Vertreter des „dummen Virtuosentums", unter denen er sich besonders den Pianisten Sigismund Thalberg als Opfer auserwählt hatte. Bernard Romberg und Hummel dagegen beschreibt er als „les derniers Mohicans de l'artiste tout court" (die letzten Mohikaner des Künstlers ohnehin)!

Beide Typen des Virtuosen – „die Guten wie die Bösen" – haben ihre Spuren im Schaffen für Gitarre hinterlassen. Unter den Gitarrenvirtuosen waren beide Typen freilich gleich stark vertreten. Glänzende Könner wie einen Giuliani kann man genau so wenig mit einem Giulio Regondi oder einem Marco Aurelio Zani de Ferranti vergleichen wie Liszt mit einem Thalberg. Langwieriges Tremolo, sich in Höchstgeschwindigkeit ablösende Riesengriffe und fortrasende Tonleitern verlieren jeden Sinn, wenn sie nicht im Dienste einer echten Kunst stehen!

Luigi Legnani (1790–1877) war ganz unter Paganinis Einfluß. Er war dessen Begleiter auf der Gitarre und hat zusammen mit ihm mehrere Konzertreisen durch Europa veranstaltet. Zweifelsohne war Legnani ein hervorragender Virtuose. Man kann das auch aus seinen Kompositionen schließen, denn es besteht nicht der geringste Zweifel, daß er sie auch selbst makellos spielen konnte und viele davon öffentlich aufführte, und zwar mit dem großen Erfolg, der jedem Klavier-, Geigen- oder Gitarrenvirtuose damals beschieden war. Mit seinen in Paganinis Geist geschriebenen Werken ist es wie mit dessen eigenen Kompositionen: es findet sich zwar Schönes darunter, jedoch auch Vieles, das man ohne weiteres als "Virtuoserei" bezeichnen könnte. Da urteile man selbst an Hand des op. 224 (Einleitung, Thema und Variationen C-dur), wo man nach einem nichtssagenden Thema, einer Reihe mehr oder weniger burlesker Kunststücke der Variation begegnet. Gegen Ende kommt dann, zwischen den Variationen VIII. und IX., ohne die geringste Beziehung zu den übrigen Sätzen eine langsame, äußerst schwierige und außerdem bedeutungslose Einlage in F-dur, wonach er wieder losrast und mit dem üblichen Finale im Stil der Coda einer Opernouvertüre endlich endet. Stärker sind seine 6 leichten Capricen op. 250 (und zwar vor allem die Nr. 2–3–4–6), aber diese Stücke haben auch keinen virtuosen Charakter. Dagegen sind die 36 Capricen op. 20, in allen Dur- und Moll-Tonarten, zum größten Teil sehr schwierig, ganz abgesehen von typisch legnanischen und auch nur bei den kleinen Gitarren seiner Zeit möglichen technischen Eigentümlichkeiten wie schräges Barré etc. (s. Abschnitt II). Zwar war es im 19. Jahrhundert an und für sich ein Verdienst, einmal eine melodische Etüdenreihe in allen Tonarten zu schreiben und, wiewohl die eine Tonart leichter erscheint als die andere (die Verwendbarkeit der leeren Saiten spielt da auch eine Rolle), kann man sagen, daß das Lesen und Spielen bzw. „auf dem Griffbrett finden" eine Gewöhnungssache ist, so daß es als ein Gewinn zu bezeichnen ist, daß Legnani hier einen geeigneten Übungsstoff schuf. Musikalisch aber bleibt – wie in seinem ganzen Schaffen – alles an der Oberfläche. So lange die Stücke spritzig und heiter sind, gibt es keine Schwierigkeiten (Nr. 2 e-moll, 3 D-dur, 5 D-dur, 7 A-dur, 10 B-dur, 15 h-moll, 19 H-dur, 27 G-dur, 31 A-dur und 33 Polacca A-dur), und Nr. 9 e-moll ist als Taschenformat-Oper wenigstens originell, aber sobald der Autor versucht „Empfindliches" zu komponieren, entsteht eine Art der „Ave Maria"-Sentimentalität oder eine billige Dramatik nach dem Muster einer mißlungenen „Lucia di Lammermoor": Nr. 22 in c-moll und 28 in C-dur.

Nun ist vielleicht ein Teil davon typisch italienisch; auch der „spanische" Italiener Federigo Moretti ist im langsamen Satz seiner großen Sonate nicht ganz frei davon, und sogar bei Giuliani findet man diese, zweifellos dem Einfluß der Oper zu verdankenden, typischen Effekte, aber bei Giuliani denkt man dann eher an Rossini, dem man falsches Sentiment doch schwerlich vorwerfen kann.

Die seelenlose Art des Virtuosentums wird oft als typisch für die Mitte des vorigen Jahrhunderts angesehen, und tatsächlich gibt es da viele Aussprüche maßgebender Persönlichkeiten jener Zeit, u.a. von Richard Wagner, die darauf hindeuten. Man hüte sich aber davor, ohne weiteres anzunehmen, daß diese Art der „Künstler" ganz ausgestorben wäre! Man braucht nur einen Blick auf die Partituren mancher neuzeitlicher Gitarrekomponisten zu schlagen, um zu einer anderen Überzeugung zu gelangen (s. Kapitel VIII.).

Natürlich aber sind die Gitarristen des 19. Jahrhunderts nicht nur von Virtuosen beeinflußt worden, sondern auch von großen Meistern wie Haydn, Mozart und Beethoven. Bei Francesco Molino ist Haydn leicht wiederzuerkennen, ohne daß Molino deswegen kein eigenes Gesicht hätte. In der „Sonata Eroica" von Giuliani (virtuos im positiven Sinne) spürt man Beethoven, und bei Sor findet man einige Kompositionen, die aus der Feder eines Mozart hätten fließen können. Auch später wird dies der Fall sein: Tàrrega unterliegt noch lange nach dessen Tod dem Einfluß Chopins – wenn auch hispanisiert – und manches aus dem Schaffen Heinrich Alberts wäre unvorstellbar, hätte es keinen Richard Strauss gegeben – dafür ist die Elegie G-dur ein Beweis.

In Bezug auf die Interpretation ist es deshalb ratsam, solche Einflüsse festzustellen und das Werk mit entsprechenden Kompositionen des beeinflussenden Meistern zu vergleichen.

Unternimmt ein Komponist eine *Reise* und kommt er in Berührung mit Volks- und Kunstmusik anderer Länder, so wird oft auch dieser Kontakt nicht ohne Einfluß auf sein Schaffen bleiben. Bereits bei Domenico Scarlatti zeigt sich das deutlich in vielen seiner Cembalowerke, die er während seines langfristigen Aufenthalts in Madrid komponierte. Tschaikowskys italienische Periode hinterließ Spuren in seinem Oeuvre („Italienisches Capriccio", „Erinnerungen an Florence"),

Dvořák schuf seine „Sinfonie aus der neuen Welt" unter amerikanischen Einflüssen. So erging es auch den Gitarristen. Man denke dabei an Giuliani (Irische Fantasie op. 125, mehrere Werke im Stile Händels oder nach dessen Thematik) und Sor (Mazurka D-dur). Die späteren Gitarristen, seit dem Impressionismus, zeigen es noch deutlicher. Dabei wären an dieser Stelle zu erwähnen: Siegfried Behrend mit seinen spanischen Impressionen, Heinrich Albert mit seiner „Maurischen Scharwache" (Etüde Nr. 65) und Mario Castelnuovo-Tedesco mit seiner Suite op. 133.

Heute tragen natürlich auch Rundfunk, Fernsehen und Schallplatte, bzw. Tonband dazu bei, daß Komponisten in Berührung mit ausländischen Kulturen kommen.

Wie sehr sich alle diese Einflüsse, wenn der Künstler sie seelisch und schöpferisch bewältigt hat, bei jedem einzelnen Komponisten doch wieder verschieden äußern können, tritt deutlich in Erscheinung, wenn man – um einige Beispiele aus der Neuzeit anzuführen – die spanisch orientierten Werke von Turína mit denen von Rodrigo vergleicht, oder die Kompositionen von Isaías Savio mit denen von Villa-Lobos, nicht nach dem künstlerischen Wert, sondern vielmehr nach der Äußerung des aufgenommenen Einflusses beim Komponisten.

Das führt uns zum Element der *Reifung* eines Komponisten. Befassen wir uns mit Sor, so entdecken wir bei genauerer Betrachtung seines Schaffens zwar bereits in seinen frühen Kompositionen eine vollendete Meisterschaft, aber das bedeutet nicht, daß bei ihm die Entwicklung dort stehen geblieben wäre. Gerade in seinen letzten, größeren Werken kann man dem Meister, seelisch und schöpferisch den großen Komponisten anderer Instrumente ebenbürtig, auf einsamer Höhe begegnen. Es genügt schon, seine Fantasia Elegiaca op. 59 zu spielen, oder nur – falls stilgerecht interpretiert – anzuhören!

Kapitel VI

Grundlagen der Interpretation

Handbücher über Interpretation finden sich bereits in den Anfängen der Klassik. Unter ihnen gibt es drei wichtige Werke: den „Versuch einer Anweisung die Flöte traversière zu spielen" (1752) von Johann Joachim Quantz, den „Versuch einer gründlichen Violinschule" (1756) von Leopold Mozart, und das vielleicht einflußreichste Werk auf diesem Gebiet: den zweiteiligen „Versuch über die wahre Art das Clavier zu spielen" (1753/1762) von Carl Philipp Emanuel Bach. Haydn kennzeichnete dieses Werk als die „Schule aller Schulen"!

Die Titel lassen an eine Flöten- bzw. Violin- oder Cembaloschule denken, aber darauf beschränkt sich der Inhalt nicht. Vielmehr handelt es sich um vollständige praktische Interpretationsanleitungen mit einer Fülle von Einzelheiten über Tempo, Dynamik, Phrasierung, Begleitung, Ornamentik usw.

In der Gitarrenliteratur jener Zeit begegnet man leider einem solchen Werke nicht, wenn man die „Große Sonate" op. 7 von Simon Molitor außer Betracht läßt, der er ein ausführliches Geleitwort vorangehen ließ, „als Probe einer besseren Behandlung dieses Instruments". Sämtliche Gitarrenschulen der Klassik gehen nämlich mehr oder weniger ausführlich auf die technischen Fragen beim Gitarrenspiel ein, jedoch die Interpretation wird merkwürdigerweise vernachlässigt. Das ist für die heutigen Gitarristen zwar schade, aber nicht unüberwindlich.

Es gibt genügend Gründe anzunehmen, daß die allgemeine Interpretation bei jedem Instrument „grosso modo" dieselbe war, und wir können uns also ruhigen Gewissens an die Anleitungen für die Geige oder das Klavier wenden. Dabei genügt es nicht, nur die genannten Werke zu studieren, sondern auch die wichtigsten Überblicke über die Interpretationslehre und deren praktische Anwendung während des ganzen 19. Jahrhunderts.

Da gibt es bereits eine ganze Reihe von Werken, z.T. bekannt, z.T. weniger bekannt. Auch im 20. Jahrhundert ist das eine und andere darüber veröffentlicht worden, jedoch die Gitarre blieb immer ein vernachlässigter Gegenstand. Es mag „Versuche" geben wie Emilio Pujols „Dilema del Sonoridad" oder Heinrich Alberts „Solospielstudien", aber Anleitungen zur authentischen Interpretation klassischer und romantischer Musik fehlen. Deshalb wird unser Buch sich etwas genauer mit dieser Materie beschäftigen, vom künstlerischen wie vom wissenschaftlichen Standpunkt her. Der Leser sollte allerdings die vorangegangenen Abschnitte gründlich studiert haben, weil wir darauf fortwährend zurückkommen werden, und manches von dem, was nun folgen wird, darin entsprechend vorbereitet wurde.

Von den *Klangunterschieden* zwischen der klassischen und der modernen Gitarre war bereits ausführlich die Rede im Kapitel III. Zum *Tempo* aber wäre noch das eine oder andere zu ergänzen. Bei Musik aus vorklassischen Zeiten fehlt in den meisten Fällen eine Tempovorschrift. Man leitete das Tempo aus der Notierung ab, dem Takt, der Spielschwierigkeit, also aus dem gesamten Notenbild. Zwar gab es Ausnahmen, vor allem im späteren deutschen und italienischen Barock, jedoch sind Allegro, Adagio oder Largo im Tempo immer noch relativ, auch stehen derartige Bemerkungen eher in Zusammenhang mit dem Vortrag als mit der Geschwindigkeit.

Als Quantz seinen „Versuch einer Anweisung . . ." schrieb, versuchte er erstmals, eine etwas genauere Tempo-Einteilung zu entwerfen. Er ging dabei aus von einem Pulsschlag von etwa 80 Schlägen in der Minute. In seinem Temposchema stimmt das überein mit Allegretto sowie mit Moderato. Also nicht sehr schnell! Indem er die Zahl 80 durch 2 teilte (=40), erhielt er die langsamen Tempi (z.B. Adagio oder Larghetto, Poco Andante); bei nochmaliger Teilung (=20) entstanden die sehr langsamen Tempi (Lento, Largo assai). Zweimal 80, also 160 waren die schnellen Tempi: Allegro di molto, Presto.

Das war erst der Anfang. Nach einer Erfindung des in den Niederlanden arbeitenden deutschen Instrumentmachers Dietrich Nikolaus Winckel (die er leicht ausbesserte), konstruierte Johann Nepomuk Mälzel im 1. Viertel des 19. Jahrhunderts das *Metronom*. Mit diesem Gerät kann man bekanntlich das Tempo genau „abhören", indem man es auf eine bestimmte Geschwindigkeit einstellt. Es läßt sodann exakt die verlangte Anzahl von Schlägen pro Minute hören. Der „Puls von Quantz" stimmt überein mit MM (=Mälzels Metronom) =80, oder wie man sonst schreibt: ♩ =80 (wenn Viertelnoten gemeint sind; ♪ =80 bei Achtelnoten, usw.). Vor allem Beethoven war ein Propagandist des

Metronoms, obwohl es heißt, er sei späterhin doch wieder nicht so ganz zufrieden mit seinen eigenen Metronomangaben gewesen. Jedenfalls sind sie nicht überall richtig.

Metronomangaben sind immer kritisch zu beurteilen. Erstens hat mancher Komponist in dieser Hinsicht später seine Meinung geändert; zweitens ist man nur bei Urtexten sicher, daß sie wenigstens dem Geiste des Künstlers entsprossen sind und nicht dem irgendeines Bearbeiters; im letzteren Falle haben wir es mit einer subjektiven Deutung zu tun, mit der man nicht unbedingt einverstanden zu sein braucht, jedenfalls nicht ohne kritische Prüfung des „Warum" dieser Tempowahl. Fehlen Metronomangaben, so soll man von der Tempovorschrift am Anfang des zu spielenden Werkes ausgehen. Es fällt dabei auf, daß seit Quantz die Tempolehre sich weiter entwickelt hat. So redet Quantz von einem Poco Andante bei MM = 40, Andante mag da auf 60 oder 70 zurückzuführen sein. Bei Mälzel ist es 76–108! Ist dies nun wörtlich so gemeint? Auch das ist wieder eine Frage des Notenbildes. Andante heißt so viel wie „gehend". Poco Andante – oder Andantino – war demnach zu Quantz' Zeiten „(nur) ein wenig gehend" und daher etwas langsamer als Andante. Bei den Klassikern faßte man späterhin Andante als „langsam" auf; Poco Andante/Andantino wurde da „ein wenig langsam", deshalb schneller als Andante! Die Bezeichnungen Andante mosso („schnell gehend") oder Andante (ma) Allegro („gehend (doch) heiter und rasch") kommen dem Allegro sehr nahe. Ein Durcheinander also, trotz des Metronoms! Für ein Andante kann MM = 108 fast nur auf das Andante mosso Beziehung haben. Ungeachtet der Brauchbarkeit des Metronoms bleibt es auch in der Klassik am zuverlässigsten, bei der Tempobestimmung vom Notenbild auszugehen. Sagen wir: „von der Schwierigkeit des Stücks", so soll das selbstverständlich nicht heißen, daß man also nur „mir nichts, dir nichts" ein langsameres Tempo wählen dürfte für ein Stück, das man sonst nicht spielen könnte, weil es allzu hohe technische Ansprüche stellt! Es handelt sich hier um eine annähernd objektive Normbestimmung. Naturgemäß ist das Tempo von jeher eine schwierige Materie. Am leichtesten hat man es vielleicht mit den Tänzen: die Tempi sind sehr häufig völlig aus der Tanzgeschwindigkeit zu erschließen, allerdings nur, wenn die Tänze noch richtig tanzbar sind und noch nicht zu reinen Konzertstücken abgewandelt wurden. Für die verhältnismäßig kleinen Ländler, Walzer, Anglaisen, Ecossaisen, Sauteusen, Polkas, Polonaisen usw., von Carulli, Carcassi, Sor, Giuliani, Mertz und anderen Komponisten trifft diese Regel durchaus zu. Sobald aber das Wort „brillante" erscheint, sind wir bei den mehr oder weniger virtuosen Konzertstücken, und das Tempo wird gleich beschleunigt.

Bekanntlich wird ein und dasselbe Tempo niemals während eines ganzen Stücks durchgehalten. Es gibt die üblichen Ritardandi, Rallentandi, Accelerandi und derartige Bestimmungen, die einem jeden Spieler geläufig sein dürften. Sie stehen in engstem Zusammenhang mit der Phrasierung (s. unten), wie auch das Fermate (𝄐), zu dem ein Ritardando führt.

Bei *Trugschlüssen* oder in ähnlichen Fällen soll man immer ein Fermate machen, auch wenn eine deutliche Vorschrift fehlt.

Beispiel: Ferdinando Carulli, Andante C-dur aus op. 246, Schluß:

Jose Herran Macario Sor, Larghetto a-moll, op. 35 Nr. 3, Schluß:

Bei mehrsätzigen (zyklischen) Werken spielt das *Tempoverhältnis* zwischen den einzelnen Sätzen eine Hauptrolle, denn das Tempo für einen bestimmten Satz ist mit abhängig von den Tempi der übrigen Sätze und umgekehrt. Bei viersätzigen Sonaten (Diabelli: Sonate A-dur, Sor: Sonate op. 22, Molitor: Sonate C-dur) ist die Geschwindigkeit des 3. Satzes (Scherzo, Menuett) überaus wichtig. Spielt man ihn zu schnell, so verdirbt man die Wirkung für das Finale! Wird dagegen der zweite Satz zu schnell gespielt, so ist es wieder fast unmöglich, das Menuett oder Scherzo am Davonsausen zu hindern; der Erfolg ist eine viel zu schnelle Interpretation des gesamten Werkes, was oft tatsächlich geschieht, aber kaum im Sinne des Komponisten sein dürfte. Komischerweise macht man es bei den Themen mit Variationen häufig so, daß wenn nicht ausdrücklich eine Tempo-*Änderung* vorgeschrieben worden ist, mancher das ganze Werk im selben Tempo spielt, ohne daran zu denken, daß gerade Tempoänderungen einen wichtigen Bestandteil der Variationskunst darstellen können. Nur wenn der *Komponist* es ausdrücklich vorschreibt, soll man unbedingt am vorangegangenen

Tempo festhalten. Als Beispiel mögen die „Variationen über ein Thema von Händel", op. 107 von Giuliani dienen. Das Thema wird im Andantino gespielt, hier aufzufassen als „zwar breit, jedoch nicht schwer oder langsam". Die 1. Variation kann noch im selben Tempo gespielt werden. Die Figurierung der 2. Variation erfordert bereits ein leichteres und auch etwas schnelleres Spiel. Vielleicht kann man in der 3. Variation im selben Tempo bleiben, jedoch für die Struktur der 4. Variation ist ein Allegretto oder ein Allegro moderato angebracht. Bei der 5. Variation (Moll, Sostenuto) nimmt man am besten das Tempo etwas zurück, und die Schlußvariation mit den 11 Finale- (Coda)takten soll unbedingt rasch und heiter gespielt werden.

Für die Musik der Neuklassik gelten grundsätzlich die gleichen Normen, vor allem wenn sie einen archaisierenden Charakter hat. Man denke dabei an die Suite für Gitarre von Manuel M. Ponce (Präambulum, Courante, Sarabande; Gavotte I. und II., und Gigue). Einige Neuklassiker sind sehr präzise in ihren Metronomangaben, so Heinrich Albert in seinen Etüden oder Anton Stingl in seiner „Improvisation über eine mittelalterliche Weise" op. 46, mit folgenden Bezeichnungen bei diesem ohne Unterbrechungen zu spielenden Werke: 69, 100, 60, 69, 144, 69, 104, 69, 144, 66, 132, 60, 100, 76, 100, 60–72, 96, 112, 96, 112, 96, 112, 96, 112, 96, 112; in insgesamt 69 Takten! Ob sich wohl jemand beim Spielen dieses schönen Werkes genau daran halten wird?

Bei der *Dynamik* gibt es genau so komplizierte Fragen wie beim Tempo. Auch sie kam erst in der Klassik zur vollen Entwicklung, und Schattierungen wie fünffaches ***p*** oder ***f*** wird man erst in der späteren Romantik begegnen. Sind des Komponisten ureigenste dynamische Bestimmungen vorhanden, so mag das Problem ziemlich leicht zu lösen sein. Es ist dies nur noch eine technische Angelegenheit, wobei äußerstes pianissimo am Griffbrett, hartes ***ffff*** näher am Steg zu erzeugen ist. Das ist also Dynamik *durch Register*.

Die Dynamik als *unwillkürlicher* Spielerfolg wird hierdurch mit beeinflußt, wie auch Tondauer, Saitenwahl (längerklingende leere Saiten, Mitschwingung von Saiten in den Obertönen!), Vibrato (gesteigerte Tonintensität), Anschlagskraft, Flageoletteinlagen, usw. Die Dynamik soll jedoch *willkürlich* sein, d.h. bewußt vom Spieler gewählt, und es ist daher zu empfehlen, bei der Registrierung, der Tondauer, der Saitenwahl, dem Vibrato, der Anschlagskraft oder dem Flageolettspiel mit deren dynamischen Folgen zu rechnen, damit keine unerwünschten Unausgeglichenheiten in der Tonstärke entstehen. Man kann – in groben Zügen – von zwei *Arten der Dynamik* reden: (1) von der Terrassendynamik und (2) von der Dynamik mit Crescendo und Diminuendo. Die Terrassendynamik war während

Renaissance und Barock am häufigsten vertreten, kommt aber auch später, bis in unseren Zeiten vor. Ihr Hauptmerkmal ist, daß die Übergänge zwischen den einzelnen Lautstärken – beispielsweise zwischen ***p*** und ***f*** – abrupt stattfinden, ohne zwischen liegendes Crescendo. Man kann es beobachten beim „Echospiel": eine vielfach kurze Passage wird zunächst ***f*** gespielt und dann ***p*** wiederholt. Beispiel:

Maûro Giuliani, Etüde op. 100 Nr. 3

Oft wird beim *Echo* registriert, je nach Geschmack und Stück, am Griffbrett oder am Steg. Im einstimmigen Passagenspiel kann, bei späteren Werken, außerdem das *Pizzicato* als Echo-Effekt in Anwendung gebracht werden. Ein Beispiel für die Möglichkeit eines Pizzicato-Echos stellt folgendes Werk dar:

Matteo Carcassi, Etüde op. 60 Nr. 11.

Die Dynamik mit Crescendo und Diminuendo bereitet dem geübten Spieler keine Probleme, falls sie in der Partitur genügend ausgearbeitet wurde. Auch hier gehen wir wieder von der offenbaren Absicht des Komponisten aus, während bei jeder Bearbeitung, ungeachtet von welchem Gitarristen, die Frage der Richtigkeit der Herausgabe offen bleibt. Gibt es Unterschiede zwischen Urtext und Bearbeitung, so soll immer nach dem *Urtext* interpretiert werden.

Bei unausgearbeiteter Dynamik muß man sie zwangsläufig selbst besorgen. Hierbei sind einige wichtige Maßstäbe anzusetzen. Die Dynamik ist abhängig von der *Klimax-Antiklimaxwirkung* in der Musik, von der Wiederholung, vom Orgelpunkt, vom Rhythmus, von der Phrasierung, von der Stimmführung, von der Akzentuierung, von den Verzierungen und vom Tempo, bzw. von der Agogik. *Klimaxe* kommen meist zustande entweder durch Steigerung der Melodik oder durch zunehmende Intensität der Harmonik. Die Antiklimax ist natürlich ihr Gegensatz. Eine Klimax ist mit einem Crescendo, eine Antiklimax mit einem Diminuendo verbunden. (Regel: Steigerung der Spannung = < ; Senkung der Spannung = >). Beispiele:

Jose Herran Macario Sor, Folia-Variationen op. 15, 5. Var. (Melodik)

Francisco Tàrrega, Präludium Nr. 2 (Harmonik)

Heinrich Albert, „Maurische Scharwache" (Melodik und Harmonik)

Abweichungen werden mit Bezeichnungen wie „sempre ***p*** ", „sempre ***mf*** " usw. angegeben.

Bei *Wiederholungen* wird oft im Echo gespielt. Es kann aber auch vorkommen, daß entweder ein plötzliches „più ***f*** " erforderlich ist oder ein allmähliches Crescendo stattfindet. Beispiele:

Napoléon Coste, Exercises et Divertissements, Nr. 26

Jan-Anton von Hoek, Präludien und Etüden, Präludium Nr. 1

Im letzten Beispiel wird durch die ständige Wiederholung des Sechzehntelmotivs die Spannung gesteigert, es entsteht also ein natürliches Crescendo.

Auch Orgelpunkte sind Urheber von Steigerungen und daher Crescendi. Beispiel:

Jose Herran Macario Sor, Grand Solo op. 14

Das Crescendo fängt hier schon im 2. Takt und nicht erst bei der melodischen Steigerung im 4. Takt an!

Rhythmische Wiederholungen führen gleichfalls häufig zur Klimax und werden in solchen Fällen von einem Crescendo begleitet. Eine Ausnahme bildet die fast durchweg im *p* und *mf* gehaltene Etüde op. 38 Nr. 22 von Coste (nur am Ende erscheinen *f* und *ff*) mit der ununterbrochenen rhythmischen Formel im Baß:

Sequenzen auf- und abwärts kombinieren melodische Steigerung oder Abfall mit rhythmischen Wiederholungen.
Beispiel:

Maûro Giuliani, Sonata Eroica op. 150

Die *Phrasierung* kann großen Einfluß auf die Dynamik haben, die jedoch zu gleicher Zeit von den bereits behandelten Einzelheiten (Klimax-Antiklimax) abhängig ist. Da in fast allen Fällen die Phrasierung vom schwächeren Taktteil aus geschieht, auch in einem Stück ohne Auftakt („verschwiegener Auftakt"), entsteht ein Dualismus: Auftakt (schwach)/Einsatz (stark), der eine scheinbare Widerrede mit sich führt. Es ist dies aber nur augenscheinlich so, denn auch wenn der Einsatz der Melodie mit dem Auftakt zusammenfällt, soll dort ein unüberhörbarer Akzent liegen. Diesem *dynamischen* Akzent (>) begegnet man auch in Tänzen, wo er mit den Tanzschritten in Zusammenhang steht. Beispiele:

Jose Herran Macario Sor, Andante op. 31 Nr. 1 (Auftaktakzente)

Ferdinando Carulli, Walzer (eigent. Ländler) G-dur (Tanzakzente)

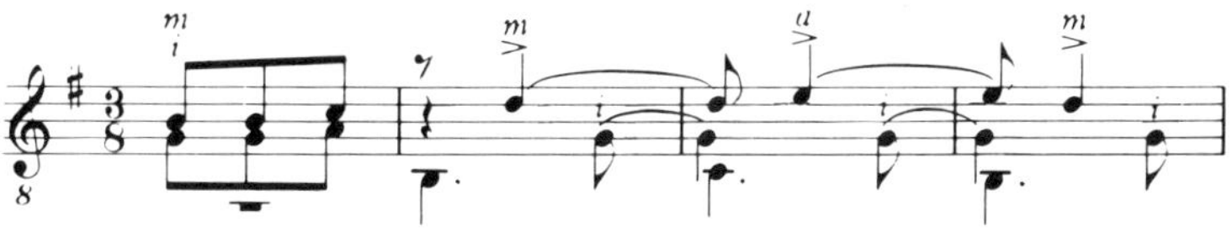

Dynamische Akzente werden im allgemeinen mittels eines durchgedrückten Anschlags erzeugt.

Die Phrasierung ergibt sich aus der *Form* (s. Kapitel IV.). Melodien bestehen aus Motiven, die zu kleineren oder größeren Gebilden zusammengefügt werden. Es ist wohl fast überflüssig zu sagen, daß man Anfang und Ende eines jeden Motivs genau feststellen muß, um zu einer guten Phrasierung zu kommen. Es gibt natürlich immer Fälle, in denen das nicht ganz einfach ist. Da müssen Musikalität, guter Geschmack und Erfahrung des Spielers ihm Hilfe leisten bei der Interpretation. In der Phrasierung sind selbstverständlich die *Pausen* wichtige Markierungspunkte beim Determinieren der Satzteile. Pausen sollten niemals vernachlässigt werden, da der Komponist sie nicht umsonst geschrieben hat! Es gibt zwar Pausen, die zu einer vereinfachten Notierung gehören. Beispiel:

Dionysio Aguado y Garcia, Etüde A-dur

Hier wird nicht gedämpft. Auch kommen „Realpausen" in einer einzigen Stimme vor. Beispiel:

Napoléon Coste, Etüde op. 38 Nr. 22

Hier wird bei den Pausen tatsächlich gedämpft (mit p). Und schließlich gibt es Generalpausen in allen Stimmen. Beispiel:

Jose Herran Macario Sor, Andante op. 35 Nr. 23

Hier soll man ganz gewissenhaft dämpfen.

Die *Singbarkeit* der Musik ist auch ein wichtiges Hilfsmittel bei der Phrasierung. Man sollte die Musik so spielen, wie man sie singen würde.

Im „Handbuch der Phrasierung" von Riemann wird man vieles über die allgemeinen Regeln lesen können; wir empfehlen dem Leser, dieses oder ein derartiges Werk einmal zu studieren.

Verzierungen sind gleichfalls von Bedeutung für die Dynamik und die Phrasierung (Triller gibt es z.B. vor allem am Ende einer Phrase). Triller, Mordente, Praller und Doppelschläge werden zum größten Teil mit einem einzigen Anschlag ausgeführt, so daß ein Sforzato (sfz = plötzliches „più forte" an einer Stelle) angebracht ist; würde man das unterlassen, so wäre die Verzierung, und zwar vor allem der Triller, bald nicht mehr hörbar.
Beispiel:

Francesco Molino, Sonate op. 6 Nr. 1 D-dur, 1. Satz, 2. Thema

Bei Arpeggien entsteht häufig ein Crescendo vom tiefsten Verzierungston bis zum Hauptton hinaus. Beispiel

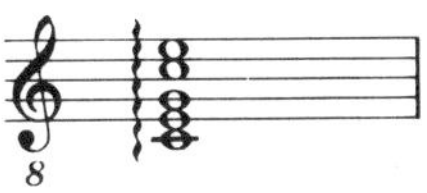

wird ausgeführt wie:

Crescendo-Effente entstehen auch durch *agogische Akzente*, d.h. Betonung einzelner Töne durch Änderung (meist Verlängerung) der Dauer. Häufig steigert sich hierdurch die Spannung mit dem bereits bekannten Erfolg für die Dynamik.

Also steht fest, daß Akzente entweder metrisch, dynamisch oder agogisch sein können.

Es wäre noch hinzuzufügen, daß der *Gleiteffekt* beim Gitarrespiel klassischer und romantischer Musik eine außerordentlich große Bedeutung hat, was im Fingersatz auch berücksichtigt werden sollte. Beispiel:

Dionisio Aguado y Garcia, Andante a-moll

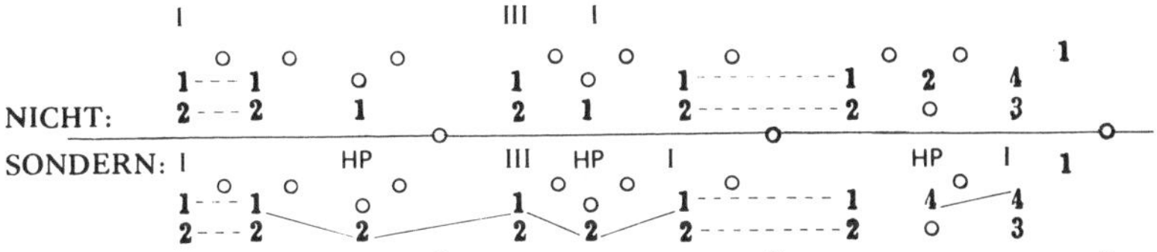

Auch das *Portamento* wäre ohne eine solche Technik nie konsequent durchzuführen!

Ferner ist man sich noch immer nicht einig über die Länge des Vorschlags:  ist nicht immer ganz lang,  nicht immer ganz kurz. Vielleicht wäre es ein Hilfsmittel, wenigstens bei Kompositionen unter Operneinfluß – von denen es bei den Italienern viele gibt – ähnlich zu verfahren, wie es in der Oper üblich war; Vorschläge konnten da ganz kurz sein! Im allgemeinen sind lange Vorschläge freilich Ausnahmen.

Wie bereits in diesem und den vorangegangenen Abschnitten geschildert, ist die Form von größtem Einfluß auf Phrasierung, Tempo, Dynamik, Stimmführung und sonstige Details des Vortrags. Es empfiehlt sich daher umsomehr, die Form gewissenhaft zu analysieren und deren interpretativen Voraussetzungen ständig Rechnung zu tragen.

Bei *polyphonen Werken* – die in der klassischen und romantischen Gitarrenliteratur nur vereinzelt vorkommen – oder bei polyphonen Zügen in hauptsächlich homophoner Musik, soll man nach den besonderen Regeln, die für diese Abart der Komposition gelten, interpretieren. Obwohl auf diesem Gebiet spezielle Abhandlungen vorhanden sind und technisch Übereinstimmungen mit der Praxis älterer Musik naheliegen, möchten wir betonen, daß vor allem bei der Imitation eine einzige Stimme des gesamten Bildes bald hervorzuheben ist, bald wieder auch nicht. Die hervorzuhebende Stimme wird durchgedrückt angeschlagen, jede Gegenstimme hingegen mit freiem Anschlag gespielt. Das erfordert eine besondere Technik der rechten Hand, für deren Vervollkommnung man am besten zuvor ältere Musik studiert und gespielt haben sollte. In der Neuzeit stellt mein Werk „The Polyphonic Playing on the Guitar" (Hilversum, 1967) einen geeigneten Lehrgang für das polyphone Gitarrenspiel dar.

Während der Klassik spielte die Gitarre in der *Kammermusik* eine ansehnliche Rolle. Man findet sie in Werken mit Bläsern, Streichern oder Klavier oder in gemischten Besetzungen. Da wären zu erwähnen: die Werke von Luigi Boccherini, Niccoló Paganini, Joseph Kreutzer, Kaspar Fürstenau, Carl Maria von Weber und vielen anderen. Die Interpretationsregeln sind denen für die anderen Instrumente gleich, ohne daß hierdurch die besonderen Bedingungen des gitarristischen Vortrags abgeschwächt würden. Ähnliches kann man sagen von den unzähligen leichteren wie auch anspruchsvolleren Duetten, Trios und Quartetten für (nur Prim-, oder auch Terz- und Quintenbaß) Gitarren, wie es sie von Sor, Molino, Carulli, Gragnani, Call usw. gibt. Dasselbe trifft zu für die Begleitung, sei es des Volks- oder des Kunstlieds, in den Liedern von Giuliani, Weber, Schubert oder Spohr. Auch in der neuklassischen Kammermusik von Bruno Henze, Anton Stingl, Castelnuovo-Tedesco, Villa-Lobos u.a., sowie im Lied des 20. Jahrhunderts

(Hermann Ambrosius, Leo Blech, Jean Françaix, Theodor Hlouschek etc.) bleiben diese Regeln gültig.

Im *Konzert* mit Orchester ist es genau das gleiche. Da sollten sich aber die Kapellmeister etwas mäßigen, denn man kann eine Gitarre nicht genau so begleiten wie ein Klavier! Von den klassischen Konzerten wären vor allem jene von Carulli und Giuliani zu erwähnen, von denen des 20. Jahrhunderts die von Castelnuovo-Tedesco, Johan Franco, Villa-Lobos und Rodrigo.

Die *Etüde* wird grundsätzlich interpretiert wie das Vortragsstück. Oft ist die Etüde vom Vortragsstück nicht genau zu unterscheiden. Eine gewissenhafte Interpretation, mit einem schönen, geschliffenen Ton ist übrigens niemals fehl am Platze. Vielleicht wäre da noch die Anmerkung gerechtfertigt, daß auch eine Etüde – mag sie noch so technisch sein – nie richtig beherrscht wird, ohne daß man sie wirklich schön interpretieren kann.

Kapitel VII

Die Schulen im 19. Jahrhundert

Die Mitglieder der Lautenfamilie haben in der Musikgeschichte mehrere *Blütezeiten* erlebt: die Laute von 1500 bis 1700; die Vihuela von 1500 bis 1600; die Barockgitarre von 1650 bis 1720; die klassische Gitarre (zweite Blütezeit) von 1790–1850; und die moderne Gitarre (dritte Blütezeit) seit dem 2. Weltkrieg. Während der zweiten Blütezeit unterscheidet man zwei „Schulen": die spanische und die italienische. Diese Einteilung ist unter den Gitarristen allgemein verbreitet, was sie aber nicht weniger anfechtbar macht. Denn bei genauer Betrachtung des durchschnittlichen Schaffens der Gitarristen aus beiden Schulen stellt sich bald heraus, daß man gar keine deutlichen Trennungslinien zwischen ihnen ziehen kann, und man könnte das auch schon im voraus wissen, da solche scharfen Einteilungen in jener Epoche fast nicht möglich waren. Daß trotzdem in diesem Buche die Rede ist von „Schulen", ist nur ein Entgegenkommen an die Tradition der Gitarristik.

Im Kapitel V. betonten wir bereits, daß *Nationaleinflüsse*, wie auch andere, für das Zustandekommen der Werke einzelner Komponisten von großem Gewicht sind. Das trifft zu für vieles aus ihrem Schaffen, jedoch besonders in den Etüden wird man auch vielen Ausnahmen begegnen.

Joseph Zuth, Fritz Buek („Die Gitarre und ihre Meister") und andere Verfasser über die Gitarre haben eine rohe Charakterisierung der Unterschiede zwischen der spanischen und der italienischen Schule geprägt, die noch oft kritiklos wiederholt wird. Demnach sei die spanische Schule „harmonisch", die italienische „melodisch"; die spanische „introvert", die italienische „extrovert"; die spanische „seriöser", die italienische „oberflächlicher". In technischer Hinsicht benütze die italienische Schule mehr leere Saiten als die spanische. Und so könnte man fortfahren.

Diese Ansichten sind jedoch kaum mehr als Schablonen, denn die Sache ist in Wahrheit nicht ganz so einfach. Auch die Schlußfolgerung, daß die Musik der spanischen Schule „schwieriger" sei als die der italienischen und deshalb im 19. Jahrhundert zu keiner so großen Popularität kam als diese, ist hundertprozentiger Unsinn. Die Ursache davon war vielmehr die Neigung zu sowohl dem Volkstümlichen als dem Opernartigen – also dem damals Kommerziellen –, wie auch zum Virtuosentum, die die Musik nicht-spanischer Meister zu ihrer „Überlegenheit" in den Augen des Publikums verhalf. Hinzuzufügen wäre allerdings, daß auch zahlenmäßig die italienischen Gitarristen im Vorteil waren. Man vergleiche:

Spanier:	*Italiener:*
1. Jose Herran Macario Sor	1. Maûro Giuliani
2. Dionysio Aguado y Garcia	2. Ferdinando Carulli
3. Fernando Ferandiere	3. Francesco Molino
4. Antonio Curriela Cano	4. Matteo Carcassi
	5. Luigi Legnani
	6. Giulio Regondi
	7. Marco Aurelio Zanti de Ferranti
	8. Filippo Gragnani

Aus diesem Vergleich könnte man schließen, es kämen auf jeden Spanier zwei Italiener, was jedoch nicht ganz richtig ist, da erstens Antonio Cano in seiner Musik eher Romantiker als Klassiker war, und weil zweitens die Mehrzahl der französischen, österreichischen, deutschen und polnischen Gitarristen sich eher der italienischen als der spanischen Schule anschloß – „Schule" ist hier aufzufassen als „durchschnittlicher Komponierstil".

Ob nun die spanische Musik der Klassik wirklich schwieriger war als die italienische? Tatsächlich gibt es in den Werken von Sor schwierige Stellen (die auf den damaligen kleineren Gitarren mit schmäleren Griffbrettern und kürzeren Mensuren übrigens wesentlich leichter zu spielen waren als jetzt), aber man braucht nur die „Grande Ouverture" op. 61 von Giuliani, seine „Rossiniane" op. 119–124, die Capricen op. 20 von Legnani oder die anspruchsvolleren Etüden aus op. 60 von Carcassi zu spielen, um eine andere Meinung zu bekommen!

Die Einteilung in „melodisch" und „harmonisch" ist völlig unklar. Spielte denn etwa die Harmonie, der Akkord eine größere Rolle bei den Spaniern als bei den Italiern? Gibt es denn nicht bei beiden „Schulen" genügend solcher Fälle? Soll die italienische Schule etwa „leichter" sein als die spanische?

Die Tatsachen widersprechen solchen Behauptungen, wenn es auch auf beiden Seiten natürlich Ausnahmen gibt.

Ist die italienische Schule denn „extrovert" oder „oberflächlich"? Da sollte man doch Giulianis Sonate op. 15 (Urtext), Molinos 1. Sonate, Carullis Menuett C-dur aus „Grand Recueil" oder Carcassis Etüde (Tremolo) a-moll op. 60 Nr. 9 vergleichen mit der kleinen Sonate op. 15 II von Sor, den Etüden von Aguado oder dem Rondo G-dur von Ferandiere! Benützt die spanische Schule weniger leere Saiten? Man betrachte die berühmte Etüde op. 6 Nr. 11 in e-moll von Sor! Nein: der Unterschied mag aus der Volksart herzuleiten sein, aber allgemeine Axiome an Hand einer oberflächlichen Durchsicht der Partituren sind zu gefährlich. Nun ist das Axiom immer etwas Unbeweisbares, so daß wir in dieser Beziehung niemals davon ausgehen dürfen. Es ist überhaupt ein Mißbrauch, die Eigentümlichkeiten einer bestimmten „Schule" nur an Hand der Merkmale führender Meister festzustellen. So ist für manchen Gitarrenfreund die spanische Schule: Sor, die italienische: Giuliani oder Carulli. Demnach – Sors Vorliebe für den Kontrapunkt und Giulianis Geschmack für die harmonische Schreibweise in Betracht ziehend – könnte man genau so gut die spanische Schule „kontrapunktisch" und die italienische „harmonisch" nennen!

Was nun die Spanier anbelangt, bevor wir uns mit der imposanten Persönlichkeit Sors beschäftigen, wollen wir uns einmal das Schaffen der beiden „kleineren" Komponisten der spanischen Schule näher ansehen.

Über Fernando Ferandiere gibt es nicht viel zu sagen. Die verhältnismäßig wenigen überlieferten Kompositionen zeichnen sich nicht durch besonders große Originalität aus. Er war als Komponist offenbar ein Kleinmeister, was für ein Gitarrist er auch immer gewesen sein mag.

Dionysio Aguado y Garcia (1784–1849) jedoch nimmt mit seiner Methode und mit seinen größeren und kleineren Spiel- und Übungsstücken einen weit wichtigeren Platz ein. Verzierungen, Anschlagsschwierigkeiten, Fingersatzprobleme – alles ist in seinen Etüden enthalten, über deren musikalischen Wert die Meinungen auseinandergehen. Vor allem bei den längeren Stücken vermißt man bisweilen die Meisterschaft eines Sor oder Giuliani. Am wertvollsten sind daher vielleicht seine Miniaturen, in denen er seinen feinen Geschmack und seine gitarristische Fähigkeit zu voller Geltung kommen läßt. Aguado war auch einer der ersten, die mit den Nägeln anschlugen.

Der weitaus größte Meister der spanischen Schule und einer der größten in der Geschichte der Gitarristik überhaupt war Jose Herran

Marcario *Sor*, auch genannt Fernando Sor (1778–1839). Weder bei ihm noch bei Ferandiere oder Aguado finden wir bereits wichtige, echte Einflüsse der Volksmusik, wir haben es mit einem echten Klassiker zu tun. Von seiner Vielseitigkeit, seinem Vermögen, das Erbgut der Meister, die Einflüsse der Großen seiner Zeit (Haydn, Mozart, Beethoven) in seine Kunst zu verarbeiten, ohne nur eine Spur seiner eigenen Identität preiszugeben, seinen Einsichten in den Kontrapunkt und die Polyphonie, darin gibt es wohl kaum eine Parallele in der gitarristischen Geschichte. Bei ihm ist auch die kleinste Miniatur ein Kunstwerk.

Die erste Hälfte seiner Kompositionen für Gitarre soll Sor, der auch Opern- und Ballettkomponist war, vor seiner russischen Periode geschrieben haben. Um 1826 war er in Sankt-Petersburg, wo er anläßlich der Kaiserkrönung Nikolajs I. ein Ballett komponierte. Aus dieser Zeit stammten auch einige Werke des russischen Gitarristen Vladimir Morkov, von dem eine Etüde in C-dur eine verlängerte Version des Moderato D-dur op. 35 Nr. 17 von Sor ist. Auch Mikail Vissotskyi präsentierte Gedankengut Sors als sein eigenes, z.B. eine „Neuversion" des Andante C-dur op. 31 Nr. 1. Der Einfluß und der Ruf des spanischen Meisters sollen jedenfalls sehr groß gewesen sein.

Sors größter Rivale – wenn man ihn so nennen darf – war der Italiener Maûro Giuliani, der zwar keinesfalls ein „dummer Virtuose" war, dessen Spiel dennoch wenigstens in Westeuropa aus den bereits erwähnten Gründen dem Publikumsgeschmack mehr entsprochen haben dürfte. Von der psychologischen Wirkung dieses Erfolgs auf Sor, seinen „Widersacher", ist so gut wie nichts ausfindig zu machen. Materiell erscheint es Sor nicht schlecht gegangen zu sein, und mehrere spätere Komponisten haben sich – in ihrer Art des Komponierens – zu ihm bekannt. Am auffälligsten ist dies vielleicht der Fall beim Franzosen Napoléon Coste, von dem später noch die Rede sein wird. Das Schaffen Sors ist von größter Bedeutung gewesen für den Kompositionsstil, die Emanzipierung der Gitarre zum vollwertigen Instrument in der Kunstmusik. Mit seiner Methode hat er sich erstmalig für eine bessere und gesündere Motorik beim Gitarrespiel eingesetzt.

Von seinen schönsten Werken – eine Auswahl zu treffen, ist hier recht schwierig – sind zu erwähnen: die Etüden op. 6 Nr. 6, 8, 9 und 11; die „Zauberflötevariationen" op. 9 (man vergleiche sie einmal mit den Variationen über dieses Thema op. 24 von Carcassi); die Menuette op. 11 Nr. 1, 2, 3, 4, 5, 6, 8 und 11; das „Grand Solo" op. 14; die Folia-Variationen op. 15 (vgl. Giuliani op. 45); die Paesiello-Variationen op. 16; die beiden großen Sonaten op. 22 und 25, die

Etüden op. 29 Nr. 5, 6, 10, 11 und 12; die „Fantasie mit brillanten Variationen" op. 30; viele Etüden aus den opera 31, 32, 33, 35, 44 und 60; sowie die Apotheose seines Schaffens, die „Fantasia Elegiaca" op. 59. Von seinen Duetten sind unvergänglich „Les deux Amis" (Sor komponierte dieses Werk für Dionysio Aguado und für sich selbst, die beiden Freunde wohnten einige Zeit zusammen in Paris), „l'Encouragement" op. 34 und „Le premier Pas vers Moi" op. 53, gedacht für seine Schüler.

Die Titel seiner Werke sind auf den ersten Blick etwas irreführend: „Le premier Pas vers Moi" op. 53, „Etudes Préparatoires" op. 60; „Exercises très Faciles" op. 35; „Leçons progressives pour les Commençants" op. 31, usw. – das sind alles Überschriften, die den falschen Eindruck erwecken könnten, es handle sich um leicht spielbare Musik. Für Sor persönlich wird dies zweifellos der Fall gewesen sein. Für den Durchschnittsschüler sind es immerhin sehr anspruchsvolle Stücke, zumal wenn er sie auch noch schön und richtig interpretieren soll! In der Notierung erscheint Sors Musik häufig leichter als sie, wie sich beim Üben herausstellt, wirklich ist. So sind die ersten vier Etüden aus op. 60 nur dem Schein nach einstimmig. Beispiel einer Realnotierung:

Jose Herran Macario Sor, Etüde op. 60 Nr. 1

Die Baßstimme ist deutlich erkennbar, was in der Originalnotierung nicht der Fall war.

Sors Werke sind unentbehrlich für das Studium der Gitarre und im Reifungsprozeß des Interpreten.

Dasselbe kann man, trotz allen Unterschieds, sagen von den Werken Maûro *Giulianis* (1781–1829 (?)), des vermutlich größten italienischen Meisters der gitarristischen Klassik. Merkwürdig ist, daß man sich noch immer streitet über sein Todesjahr. Das Blatt „Königliche Gazette der Beiden Sizilien" vom 14. Mai 1829 erwähnt das Ableben des „Herrn Maûro Giuliani, des berühmten Gitarristen", der am 8. jenes Monats verstorben sein soll. Nach anderen Quellen ist Giuliani jedoch ab 1821 nicht mehr in Italien gewesen, er habe Rußland, Kongreßpolen und England bereist, sei dann endlich wiederum nach Wien gezogen und daselbst 1840 (nach Zuth: 1845) verstorben. Vielleicht liegen hier auch Verwechslungen vor mit seiner Schwester Emilia Giuliani-Guglielmi – gleichfalls Gitarristin – und mit Michael Giuliani (nach dem russischen Gitarrehistoriker B. Volman Mauros Sohn).

Wie dem auch sei, als Virtuosen hat man ihn mit Paganini und Liszt verglichen. Für die Nachwelt sind seine Kompositionen von größerer Bedeutung als seine Leistungen als Virtuose. Giuliani hat von den leichtesten bis zu den kompliziertesten, von den kleinsten bis zu den umfangreichsten Werken komponiert. Darunter sind die bei den Italienern üblichen opernartigen Effektwerke vorhanden – „Rossiniana" –, aber auch rein klassische Kompositionen von großer Originalität. Von diesen Werken ist seine Sonate C-dur op. 15 wohl am bekanntesten. Jedoch sind auch von großer Bedeutung: die Etüden op. 48 Nr. 7, 9, 17 und 23; die „Grande Ouverture" A-dur op. 61; die Sonatine D-dur op. 71 Nr. 3; die Studien op. 111 Nr. 2, 5, 6, 8, 9 und 10; die Händel-Variationen op. 107; die quasi-„Fughetta" op. 114; die „Irische Fantasie" op. 125; das Scherzo op. 148 und die „Gran Sonata Eroica" op. 150. Auch in der Kammermusik ist Giuliani gut vertreten. Sehr reizend ist sein Quintett op. 65 für Gitarre, zwei Violinen, Viola und Violoncello, mit den Paesiello-Variationen. Außerdem schrieb er zwei beliebte Konzerte für Gitarre und Orchester.

Giuliani war zu seiner Zeit eine Weltberühmtheit. Das zeigt nicht nur das „Fan-Blatt", das unter dem Namen „The Giulianad" in London erschien, sondern auch der Einfluß, den er auf viele europäische Gitarristen ausübte. Deutsche, Italiener, Österreicher, Polen, Russen – allerhand Nationalitäten finden sich unter seinen Nachahmern. Darauf kommen wir noch zurück. Sein Beitrag zur Entwicklung der Gitarrentechnik, wenn auch grundverschieden von dem Sors, ist kaum zu überschätzen.

Leider wird die Bedeutung eines anderen großen italienischen Gitarristen der Klassik meist völlig übersehen. Es handelt sich um Ferdinando *Carulli* (1770–1841). Von diesem Meister wird oft nur so geredet, als hätte er nur etüdenartige Werke, ein paar nette Kammermusiken und weiterhin ziemlich einfältige quengelige Anfängerstücke komponiert. Das kommt vor allem wohl daher, weil man gar nicht einmal weiß, wie seine Stücke gespielt werden sollen. Vergleichen wir im nachstehenden Beispiel einmal Notierung und richtigen Vortrag eines sehr leichten Carulli-Stücks:

Ferdinando Carulli, Allegretto in G-dur.

Sofort fällt die *Synkopierung* auf, die das Stücklein in eine tänzerische, geistreiche Miniatur verwandelt. So ist nun gerade der Stil Carullis, in seinen kleinen wie in seinen größeren Werken. Auch bei einer unbeholfenen Notierung wie im ersten Beispiel ist der Effekt leicht zu erzielen, indem man die ganze Überstimme mit durchgedrücktem Anschlag (>) spielt und selbstverständlich die linken Finger möglichst lange an ihrer Stelle läßt. Dieses Verfahren ist eigentlich in der ganzen homophonen klassischen und romantischen Gitarrenliteratur richtig – bei Carulli aber ist es eine unbedingte Notwendigkeit.

Diese synkopische Schreibart bei Carulli ist typisch für seine Kunst und trägt dazu bei, daß seine Musik unter den Italienern einen ganz bestimmten, eigenen Platz einnimmt. Vom „blöden Virtuosentum" ist in seinen Werken nichts zu entdecken. Es mag unter seinen Kompositionen schwierige und äußerst schnelle Sachen geben, aber das sind Etüden, die offenbar nicht für den Konzertraum gemeint waren. Die heutzutage so modische Abneigung seinen kleinen Stücken für Anfänger gegenüber ist völlig ungerechtfertigt: gerade Carulli ist für die Bildung des Geschmacks und des klassischen Instinkts sowie für die Spielfreude eines Anfängers sehr geeignet. Man sollte sich darüber freuen, daß es einen Meister gegeben hat, der es wie kaum ein anderer verstand, auch leicht spielbare Miniaturen von so großer Musikalität zu komponieren. Die melodischen Einfälle, die Schlichtheit der Stimmführung und die technische Eignung für den Unterricht sind auf diesen Ebenen der Technik noch nie von einem späteren Gitarrenkomponisten übertroffen worden, und bisher kamen nur sehr wenig Stücklein leichten Grades ihnen gleich. Man braucht eben nur zu wissen, wie man sie wirklich spielen und folgerichtig dem Schüler lehren soll!

Das soll nicht heißen, Carulli sei nur ein Meister der Miniatur gewesen. Auch unter seinen größeren Werken (Sonaten, Ouvertüren, Konzertetüden, Kammermusik, Duetten, Trios, Konzerten usw.) gibt es sehr viel schönes, das unvergänglichen Wert besitzt.

Offenbar ist nicht nur die Art des Komponierens und des Spielens, sondern auch die Didaktik jenes anderen großen Italieners, Francesco *Molino* (1775–1847), grundverschieden gewesen von der Carullis. Es existiert aus der Zeit beider Meister eine Pariser Gravüre mit dem Titel „Le Combat entre les Carullistes et les Molinistes". Darauf ist ein Salon dargestellt, in dem ein Kampf zwischen Gitarristen wütet, wobei Gitarren als Schlag- und Schleuderwaffen dienen. Natürlich ist es rein satirisch gemeint, es gibt aber die fanatische Einstellung der Anhängerschaft der Meister in jener Zeit wieder, ein Unsinn, dem wir auch in unseren Tagen recht häufig begegnen!

Francesco Molino, heutzutage ein noch mehr übersehenes Genie als Carulli, hat verhältnismäßig wenig komponiert. Seine Werke sind aber von einer solchen Gestaltung und Qualität, daß man ihn trotzdem als den „Haydn der Gitarre" bezeichnen könnte. Maßgebend für den Reiz seiner Kunst sind seine 3 Sonaten op. 6, seine Rondi op. 11, seine 18 Präludien in den Tonarten bis zu 4 ♯ und 4 ♭, sowie sein Trio op. 45 für Flöte, Viola und Gitarre. Vor allem die 1. und die 2. Sonate sind interessante Beispiele eines durchweg klassischen Stils und anschauliches Material zur Formenlehre und ihrer Geschichte (s.Abschn. IV.). Es ist kaum zu fassen, daß sie in unserem Jahrhundert bisher fast niemals im Konzertsaal erklangen, sollten sie doch aus historischen und musikalischen Gründen im Repertoire keines Konzertisten fehlen!

Matteo *Carcassi* (1792–1853), der vierte große Italiener, ist heute ein etwas umstrittener Komponist. Das ist auch leicht zu verstehen: ein großer Teil seines Schaffens besteht aus Opernfantasien, kleinen hübschen, aber bedeutungslosen Melodiechen (die mit den Miniaturen Carullis meist in keiner Weise wetteifern können) und virtuosen Abenteuern, oder kurz: Salonmusik, und er hätte für die Geschichte der Gitarre weiterhin auch nicht viel zu bedeuten, gäbe es nicht seine „25 melodische und fortschreitende Etüden" op. 60. Sie bilden nicht nur ein Kompendium der klassischen Gitarrentechnik, sondern sind auch in diesem Jahrhundert noch ein „Alpha und Omega" für jeden Gitarristen. Man kann sie üben als reiner Amateur, als Konservatoriumsstudent, als Reifeprüfling und als bereits lange absolvierter „Diplom-Gitarrist". Sie stellen auf dem Gebiet der melodischen Etüde das abwechslungsreichste und vollständigste Werk der gesamten klassischen Epoche dar. Unter ihnen gibt es sehr hübsche Stücke, von denen man im Konzertrepertoire des heutigen Gitarristen einige vermißt: die Nr. 3, 6, 8, 9, 17, 21, 23 und 25 (Numerierung nach der Version Erwin Schwarz-Reiflingen/Anton Stingl).

Von Luigi *Legnani* (1790–1877) war bereits ausführlich die Rede in Kapitel V., so daß wir uns damit begnügen, dem Leser die nochmalige Durchsicht dieser Abhandlung zu empfehlen.

Schließlich gab es noch den Meistergeiger Niccolò *Paganini* (1782–1840), der anscheinend auch ein gewandter Gitarrist war, wenn er als solcher auch nie vor die Öffentlichkeit trat. Seine Kompositionen für Gitarre allein sind ohne besondere Bedeutung. Anspruchsvoller ist seine Gitarren-Kammermusik, die er wohl für seinen Begleiter Legnani komponierte.

Die übrigen Komponisten der (späten) italienischen Klassik verdienen kaum mehr als eine Erwähnung: Giulio Regondi (1822–73), Federigo Moretti (in Spanien tätig) und Marco Aurelio Zani de Ferranti (1802–78); vielleicht ist das rein klassische, wenn auch nicht sehr reichhaltige Oeuvre Filippo Gragnanis (1767–1812) noch interessant, wenigstens seine rossiniartige Ouvertüre D-dur op. 6.

Wir sind bereits Paris als wichtige Musikstadt Westeuropas öfter begegnet. Im östlichen Raum nahm Wien eine durchaus damit vergleichbare Stellung ein. Giuliani hat einige Zeit seines Lebens in der österreichischen Hauptstadt verbracht und dort die italienische „Schule" so erfolgreich eingeführt, daß man seine Musik und die seiner Nachahmer häufig die „Wiener Biedermeierschule" genannt hat – eine Bezeichnung, die natürlich von jeder wissenschaftlichen Terminologie weit entfernt ist. Es gibt gar keine einheitliche Wiener Schule. Die in Wien und wo immer in der Donau-Monarchie tätigen Gitarristen sind in ihrem Schaffen in mancher Hinsicht grundverschieden gewesen, wenn auch die meisten von ihnen unter einem gewissen Einfluß Giulianis gestanden haben. Dieser Einfluß war aber in ganz Europa spürbar, so daß man kaum noch behaupten kann, ein von Call oder ein Mertz seien mehr Giuliani-Epigonen als ein Marschner oder ein Horecki.

Das Ansehen Giulianis, das dazu beitrug, ihn wenigstens in engeren Kontakt zu bringen mit dem Kreise der Wiener „Großen", mit Josef Mayseder, Johann Nepomuk Hummel, Ignaz Moscheles, Anton Diabelli und sogar Beethoven, mag allerdings dazu geführt haben, daß seine Kunst in Wien direkter einwirkte als sonstwo. Das ist aber nur eine Annahme.

Es ist hier vielleicht nicht fehl am Platze, einmal anzuführen, daß in der 1. Hälfte unseres Jahrhunderts viele Verfasser von Monographien über die Gitarre jede Gelegenheit ergriffen, um zu erklären, diese oder jene Berühmtheit außerhalb der Welt der Gitarre habe sich in sie vernarrt, oder habe für sie komponiert, und der Gitarrist So-und-so habe sich der Bewunderung Beethovens oder Berlioz' erfreut. Das kann man auch verstehen, denn das sind immerhin Waffen in einem Emanzipationskrieg. Diese „Kriegsgeschichte" der Gitarre ist jetzt wohl abgeschlossen. Es steht außer Zweifel, daß die Gitarre nicht nur als künstlerisches Instrument völlig emanzipiert ist und anerkannt wird, sondern auch, daß wir seit den fünfziger Jahren des 20. Jahrhunderts ihre dritte historische Blütezeit erleben (s. Kapitel III.).

Wir wollen also die Beziehungen zwischen Giuliani und anderen Gitarristen auf der einen Seite, und den allgemein bekannten Meistern außerhalb der Gitarrewelt auf der anderen, nur insofern erwähnen, als es für den Zusammenhang unseres Buches erforderlich ist.

Von den Gitarristen der Donau-Monarchie sind vier für die Musikgeschichte von Bedeutung. Der erste war Anton *Diabelli* (1781–1858), Gitarrist, Klavierspieler, Komponist, Pädagoge und Verleger (in seinem Verlag erschienen Klavierwerke von Beethoven, seinem Freunde, sowie Gitarrenmusik mehrerer Komponisten). Von seinen Kompositionen für Gitarre, die sich durch guten Geschmack und Originalität auszeichnen, sind am bedeutendsten die Sonaten in C-, A- und F-dur und seine Werke für Gitarre und Hammerklavier, insbesondere die Sonatine op. 68, und die vielen leichten kleinen Stücke, die er für diese Kombination schrieb.

Der zweite war Simon *Molitor* (1766–1848), den wir bereits in einigen Abschnitten erwähnten. Seine Sonate C-dur op. 11 wird auch heute noch gelegentlich aufgeführt.

Der dritte war der Tscheche Václav (Wenzel) *Matiegka* (1773–1830), eine Art nördlicher Molino. Großen Reiz besitzen seine Menuette op. 15. Von den „Wienern" war er der am meisten klassische Komponist.

Der vierte war der Slowake Ján (Johann) Kaspar *Mertz* (1806–56), bereits ein vollendeter Romantiker. In Westeuropa sind heute nur noch seine Konzertouvertüre „Fingals Höhle" aus den „Bardenklänge" op. 5, ein paar Polonaisen und ein schönes Capriccio in d-moll bekannt. Er hat aber viele kleinere Stücke geschrieben, die in Mittel- und Osteuropa (Polen, Ungarn) immer noch sehr beliebt sind und in Neudrukken erscheinen. Unter ihnen gibt es reine Salonmusik mit Titeln wie „Agathe", „Russisches Zigeunerlied" und „Lob der Thränen", aber auch spritzige Polkas und urwüchsige ungarische Tänze. Sein „Sologitarre-Konzert", das ihm posthum (1856) den Hauptpreis in dem vom russischen Gutsbesitzer und Gitarristen Nikolaj Makarov veranstalteten Brüsseler Wettbewerb einbrachte (eigentlich gewann Napoléon Coste diesen Preis, er trat ihn jedoch edelmütigerweise der Witwe Mertz' ab), wird heute nicht mehr gespielt.

Es wären weiterhin noch zwei Namen von Amateuren zu erwähnen: erstens den des Leonhard von Call oder „de Call" (1779–1815), eines aus Bayern stammenden Heeresoffiziers, der sich später in Wien niederließ, und Solostücke sowie Duette, Trios usw. komponierte. Der Geiger Joseph Küffner (1776–1856) hat ziemlich viele leichte Kompositionen für Gitarre geschrieben, die zwar im Unterricht verwendbar sind, jedoch keinen künstlerischen Wert besitzen. Wir erwähnen sie nur ihrer relativen Popularität wegen. Es bleiben nur noch die Stücke von Franz Se(e)gner und von Leonhard Schulz (1814–60): im allgemeinen ziemlich bedeutungslos, und nur vom Gesichtspunkt des Sammlers interessant.

Aus dem weiteren deutschsprachigen Gebiet wären von den Gitarrekomponisten – außer Weber, Spohr usw. – nur noch zu nennen: Heinrich Marschner (1795–1861), der bekannte Opernkomponist (12 Bagatelle für Gitarre allein, op. 4), Franz Hünten (1793–1878), als „François Hunten" in der Pariser Klavierwelt bekannt und gleichfalls Gitarrist, und Theodor Gaude (1782–1843), in Paris ausgebildet, der ungefähr 80 Kompositionen für die Gitarre hinterließ, damals einen gewissen Namen als Gitarrist besaß und 1814 in Sankt-Petersburg konzertierte.

In Frankreich hat es ziemlich viele „Kleinmeister" gegeben, wie P. A. Gatayes, Antoine Meissonnier (zugleich wichtiger Verleger, u.a. von Werken von Sor und Giuliani), Labarre Trille, Louis Doisy, A. Lemoine, François de Fossa, A. Donnadieu, Adolphe de Dhuy etc.

Eine einzige überaus wichtige Persönlichkeit hat Frankreich der Gitarristik geschenkt: die des Napoléon *Coste* (1806–83), des Sohnes eines kaiserlichen Offiziers. Große Werke von musikhistorischer Bedeutung sind von ihm zwar nicht bekannt, dafür hat er aber eine Fülle von Tänzen, Genrestücken und Etüden hinterlassen, die mit zum reizvollsten der gesamten Gitarrenliteratur gehören, heute aber leider in fast unverständlicher Weise vernachlässigt werden. Zwar hat Coste den größten Teil seiner Werke für seine *siebensaitige Gitarre* (mit 6 Normalsaiten und einer Bordunsaite auf D) komponiert. Es ist jedoch in fast allen seiner Kompositionen durchaus möglich, das tiefe D um eine Oktave höher (auf der ⑤ oder der leeren ④ Saite) wirkungsvoll wiederzugeben. Coste war ein großer Verehrer von Sor. Er verfaßte eine Neuversion von dessen Methode und versah diese mit einem Anhang über die siebensaitige Gitarre und mit eigens für dieses Instrument komponierten Etüden. Das sind die letzten 16 Kompositionen seiner „Exercises et Divertissements". Die ersten 30, für die sechssaitige Gitarre, schrieb er als Normalstudien zur Methode Sors. Von größter Bedeutung sind seine 25 Etüden op. 38, unter denen sich auch besonders schöne Konzertstücke befinden, nämlich die Nr. 6, 7, 8, 14, 15, 16, 17, 19, 20, 21, 23, 24 und 25. Bei Coste tritt in einigen seiner Werke auch die Polyphonie wieder in Erscheinung. Weiter sollte man unbedingt kennenlernen: aus den „Feuilles d'Automne" op. 41 die Walzer Nr. 5, 6, 7 und 8; aus der „Récréation" op. 51 die Menuette in a-moll (Nr. 5 und 8), „Mélancolie" (Nr. 9), den Walzer A-dur (Nr. 10), das pseudo-Rondo G-dur (Nr. 11) und die 2. Barcarolle in A-dur (Nr. 14); und aus seinen „Six Pièces Originales" op. 53 die „Rêverie" E-dur (Nr. 1), das Scherzo D-dur (Nr. 4), die Etüde G-dur (Nr. 5) und das Menuett G-dur (Nr. 6). Coste veröffentlichte auch eins der ersten besseren Transkriptionshefte, das „Livre d'Or" op. 52.

Weiter hat es in der damaligen westeuropäischen Gitarristik keine wichtigen Persönlichkeiten gegeben, wenigstens nicht außerhalb Spaniens nach Ende der 2. Blütezeit (wir kommen darauf noch zurück); Vater und Sohn Henrik und Frederik Rung (Dänemark) haben am Ende des 19. Jahrhunderts kaum mehr Bedeutung als ein Küffner oder ein Hünten an dessen Anfang.

Von den osteuropäischen Ländern sind – außerhalb der östlichen Gebiete der Donaumonarchie (s.oben) – nur Polen und Rußland von Bedeutung. Es hat eine Anzahl größerer und kleinerer polnischer Gitarristen gegeben, die wir in den vorangegangenen Abschnitten, vor allem im V., bereits erwähnten.

Am wichtigsten sind wohl Stanislaw Prus Szczepanowski (1814–39), Jan Nepomucen Bobrowicz (1805–81), Feliks Horecki (1786–1840) und Mark Konrad Sokołowski (1818–83) gewesen. In Polen werden ihre Kompositionen immer noch gedruckt und aufgeführt. Sie bilden zum Teil eine Mischung von Einflüssen der Volksmusik, der Technik und Kompositionsgattung Giulianis, und im allgemeinen der Kultur West- und Mitteleuropas und Rußlands. Außer ihnen wären zu erwähnen: Jan Padovec, Erneście Salleneuve, Karol Wyhowski, Wojciech Jaworski und Ferdynand Bieliński. Die neuklassische Musik Polens ist für die Gitarristik oft interessanter als die klassische (s. Kapitel VIII.), obwohl es darunter viele schöne Miniaturen gibt.

Auf die russische Gitarrenmusik des 19. Jahrhunderts haben Volkslied und Volkstanz besonderen Einfluß ausgeübt. Für die Gitarristik Rußlands ist es von Bedeutung, daß neben der normalen eine *siebensaitige russische Gitarre* entstand, deren Propagandist der von böhmischen Voreltern stammende Gitarrist Andrjej *Sychra* (1773–1850) war. Die erste Methode (1798) für dieses Instrument, mit der Stimmung: d'-h-g-d-H-G-D war jene von Ignaz *Held.* Sie wurde bald sehr populär – bereits in der 1. Hälfte des 19. Jahrhunderts widmete ihr

Mikail Stachovitch (1819–58) eine „Geschichte der siebensaitigen Gitarre" – und wird auch heute noch gespielt, aber neben ihr behauptete sich durchaus die sechssaitige Gitarre bis in unsere Zeit. Die Musik für die siebensaitige russische Gitarre ist zum größten Teil in Transkriptionen für die sechssaitige vorhanden.

Von den verhältnismäßig vielen russischen Gitarrenkomponisten des vorigen Jahrhunderts erwähnen wir – außer den bereits dargestellten – nur die wichtigsten: Vljadislav Morkov (1801–64), Vasilyi Sarenko (1814–81), Nikolaj Aljeksandrov (Alexandrov; 1818–80), Mikail Vissotskyi (1791–1837), Schemjon Akschonov (1784–1853), Aljeksandr Vietrov (1812–77), Lev Gurilev (1770–1844), Aljeksandr Soljoviev (1856–1911) und Apollon Grigoriev (1822–64). Mit diesen Namen umfassen wir das ganze 19. Jahrhundert. Die Kompositionen – insoweit sie nicht, sagen wir: Paraphrasen über Werke von Sor (Morkov und Vissotskyi) oder Carcassi (Aljeksandrov) sind – haben keine große Bedeutung, wenn auch namentlich die Variationen über russische Volksweisen, wie sie mehrere Gitarristen schrieben, häufig sehr reizvoll sind. Die neuzeitliche – sowjetische – Literatur ist im allgemeinen interessanter.

Die zweite Blütezeit der Gitarre war in der 2. Hälfte des 19. Jahrhunderts vorbei, die dritte sollte erst hundert Jahre später beginnen. Und was geschah in der Zwischenzeit?

Stellen wir zunächst einmal fest, daß außerhalb Spaniens die allgemeine Beliebtheit der Gitarre allmählich abnahm. Das Instrument wich zurück vor der Gewalt des Klaviers. Nur in Rußland behauptete es sich ziemlich gut, wenigstens bis zum 1. Weltkrieg.

Spanien, ihr Stammland, wurde erneut der Gitarre Heimat. Die Kompositionen der spanischen Gitarristen aus jener Zeit können jedoch kaum wetteifern mit denen aus der Blütenperiode. Die Klassik war vorüber, die romantische Gitarrenmusik aus dem Süden war häufig süßlich und oberflächlich, wenn auch virtuos und technisch interessant. Wir glauben, einige Komponisten sollten erwähnt werden: Jose Viñas (1823–88; die Fantasie „La Parisienne", die Tremolo-Etüde „Sueño" und die Fantasia-Capricho in A-dur); Julian Arcas (1831–82; ein Menuett e-moll, eine große Fantasia in A, „Rondeña" in a-moll und „Visperas" in D-dur); Jaime Bosch („Cello", „Recuerdos de Barcelona"); Antonio Curriela Cano (1811–97; eine Konzertetüde in A-dur und „Un Recuerdo" in e-moll); Jose Ferrer y Esteve (zwei Noktürnen und zwei Tangos); Jose Broca (ein Menuett in G-dur); Juan Lopez (ein Tango in D-dur und „Guajira"); und Juan Pargas (1843–99; „Alhambra").

Der wichtigste Spanier jener Zeit war wohl Francisco *Tàrrega*, von dem im nächsten Abschnitt die Rede sein wird.

Kapitel VIII

Die Neoklassik

Als „neoklassisch" läßt sich jene Musik bezeichnen, die nach den (wenn auch „modernisierten") traditionellen Grundsätzen der Tonalität und der Form komponiert wurde, und bei der die Schönheit der allgemeinen Konzeption zentral steht. Es kann sich dabei um „Pastiches" handeln, jedoch auch um völlig stileigene Werke eines Komponisten des 20. Jahrhunderts. Die Pastiches können entweder klassisch, romantisch, impressionistisch oder sonstwie aussehen und klingen. Bei einigen mehr begabten Komponisten sind fast alle Stile seit der Renaissance im Schaffen vorhanden, und Züge davon sind gleichfalls ln stileigenen Werken zu entdecken. Wie in allen Epochen der Musikgeschichte sind aber auch in unserer Zeit die echten Meister der Gitarrenkomposition selten! Unser Buch befaßt sich ferner nicht mit den „modernsten" Strukturen der Komposition, da diese für die Gitarre von geringfügiger Bedeutung sind, und auch weiterhin nicht innerhalb des Bereiches der neuklassischen Gitarremusik gehören.

Man kann an keiner Stelle der Musikgeschichte exakte Daten geben für das Ende einer gewissen Stilperiode und für den Anfang einer neuen, anderen. Die Zäsur zwischen diesem und dem vorangegangenen Abschnitt mag daher als willkürlich erscheinen. Wir haben sie absichtlich so angebracht, weil man wohl das Schaffen von Francisco *Tàrrega* (1852–1909) und von Heinrich *Albert* (1870–1950) als den Anfang einer neuen Ära in der Geschichte der Gitarre bezeichnen kann. Wir sagen: Tàrrega *und* Albert, denn beide sind für die Entwicklung der modernen Gitarristik wichtig gewesen, *nicht nur* Tàrrega! Nach Tàrregas Tod fing eine „Renaissance" des Gitarrenspiels an. Es hat fast ein halbes Jahrhundert gedauert, bis es wieder zur weltweiten Beliebtheit aufgerückt war und die Gitarre ihre dritte Blüteperiode antrat. Daß man in diesem Zusammenhang nur an Tàrrega denkt, ist – wenn historisch auch nicht ganz richtig – leicht zu verstehen. War er es doch, der sich besonders um Reformationen auf den Gebieten der Motorik, der Spieltechnik und der Klangschönheit der Gitarre bemüht hat. Wenn er auch keine Methode hinterließ, seine Schüler haben seine Arbeit weiter verbreitet und wohl auch entwickelt. Unter ihnen ist Miguel Llobet wohl der wichtigste gewesen. Er unterrichtete oder beeinflußte viele Gitarristen aus der 1. Hälfte unseres Jahrhunderts, wie Emilio Pujol, Domingo Prat, Garcia Fortea, Daniel Fortea, Luise Walker, Maria Luisa Anido, Isaías Savio usw. Auch Andrés *Segovias* Spiel geht auf Tàrrega zurück.

Allmählich gewöhnte man sich daran, als logische Konsequenz des Erfolgs dieser *neuspanischen Schule* – der, außer von ihr technischen Superiorität, auch wohl vom „Glamour" ihrer Musik verursacht wurde –, Tàrrega als eine Art von Gitarremessias zu betrachten. Dieses Charisma hat sich jedoch leider als fatal erwiesen für die Interpretationskunst früherer Musik. Werke von Sor oder Giuliani kann man einfach nicht nach dem neuspanischen Klangideal spielen, ohne der Authentizität großen Schaden zuzufügen. Und wenn es sich um noch ältere Musik handelt, ist das Ergebnis schlechthin lächerlich. Die jetzige Gitarre ist außerdem grundverschieden von der klassischen (s. Kapitel III.). Leider aber ist es noch immer so, daß die meisten Gitarristen „mir nichts dir nichts" Recitals veranstalten mit Werken von 1500–1980, alles im gleichen Ton und Vortrag. Das ist ungefähr dasselbe, als wenn irgendein Klaviervirtuose sich an den Flügel setzen und nacheinander Werke von Conrad Paumann, John Bull, François Couperin, J.S.Bach, Beethoven, Brahms und Prokofief heraushämmern würde! Merkwürdigerweise ist die Gitarre fast das einzige Instrument, mit dem man so etwas noch anstellt.

Überdies ist der Gehalt der neuspanischen Werke – wenn man die vielen Effekte und die dem Publikum so zusagenden Folklore-Elemente außer Betracht läßt – nicht immer besonders hoch. Aber Tàrrega hat besseres geschrieben als seine berühmte Tremolo-Etüde „Recuerdos de la Alhambra", seine glockenspielartige Flageolettstudie „Alborada" oder das weltweit beliebte Präludium „Làgrima", und es gibt darunter auch wirklich reizende Stücke, wie mehrere seiner Präludien, Mazurkas, Walzer und Polkas, sein „Capricho Àrabe" und seine „Danza Mora". Der Geschmack spielt da selbstverständlich auch eine Rolle.

Für die linke Hand ist seit 1875 eine eigene Entwicklung zu beobachten; für die rechte Hand wird dies zwar behauptet (und es trifft für die Motorik auch völlig zu), aber technisch kann man es an Hand der Etüden und Spielstücke kaum beweisen. Es mag denn sein, daß viele Etüden für die rechte Hand komponiert worden sind – wenn man sie kritisch mit denen aus der Klassik und der mittleren Romantik vergleicht, stellt sich bald heraus, daß die klassischen Studienwerke, falls mit moderner Motorik gespielt, ihnen technisch meist überlegen und musikalisch auch wertvoller sind. Die neuspanischen Etüden sind zwar zur Abwechslung interessant, aber häufig auch nicht mehr als das.

Der wichtigste Etüdenkomponist dieser Gattung ist wohl Emilio *Pujol* (*1886) gewesen, ein hervorragender Fachmann auf manchem Gebiet, auch auf dem der Transkription und der Methode („Escuela Razonada para Guitarra"), und Komponist einer Reihe teilweise reizender Vortragsstücke, von denen sein „Homenaje a Tàrrega" eins der besten ist. Von seinen Etüden kann man kaum sagen, daß sie einen Ersatz für die klassischen Studien bilden, wenn sie die höchsten Lagen des Griffbretts auch mehr benützen. Eine Etüde wie die 6. aus den „Estudios para Guitarra, Grado Superior" hat beispielsweise keinen qualitativ höheren Wert als die 19. Etüde aus op. 60 von Carcassi oder die 14. aus op. 38 von Coste, während vor allem Coste musikalisch weit urwüchsiger und interessanter ist. Einem Vergleich mit den Etüden Sors halten die Übungsstücke neuspanischen Ursprungs selten stand.

Frederico *Moreno-Torroba*, Orchesterdirigent des Zarzuelatheaters in Madrid, hat ziemlich viel für die Gitarre komponiert. Einige seiner Werke, wie die „Suite Castellane", sind sehr beliebt. Von seinen Kompositionen, die zum größten Teil von der Folklore beeinflußt sind, haben „ein Präludium in E-dur", die „Sonatina y Variación" in e-moll und die viersätzige „Suite Miniatura" ein mehr klassisches Aussehen.

Wie auch in seinen Klavierwerken, schloß sich Joaquin *Turina* (1882–1949) in seiner Gitarrenmusik insbesondere dem Flamencostil an („Ràfaga", „Homenaje a Tàrrega", Sonatine). Von Joan Manén ist nur ein einziges bedeutendes Werk bekannt, nämlich die Fantasia-Sonata op. A-22; von Edoardo Chavarri gibt es vier Stücke im Volkston.

Es war vor allem der internationale Ruhm Andrés Segovias (*1896), der die Komponisten zum Schreiben für die Gitarre veranlaßte. Von ihnen sind im südeuropäischen und lateinamerikanischen Raum am wichtigsten: Manuel M. Ponce (Mexiko), Mario Castelnuovo-Tedesco (Italien, später USA), Heitor Villa-Lobos (Brasilien) und Joaquin Rodrigo (Spanien). *Ponce* – zum Millionär geworden durch seinen bekannten Schlager (und heute wohl ein „Evergreen") „Estrellita" – komponierte eine Fülle von schönen Stücken für die Gitarre, wie 3 Sonaten, die „Sonatina Meridional", die Variationen und Fuge über „La Folia d'España" und das „Concierto del Sur" für Gitarre und Orchester. Seine Werke zeichnen sich durch genaue Kenntnis des Instruments, Annäherung an klassische Werte und Normen und durch große thematische und harmonische Originalität aus.

Von *Castelnuovo-Tedesco* wären an dieser Stelle zu erwähnen: die „Variazioni attraverso i Secoli", die Sonate D-dur, die Suite op. 133, seine beiden Konzerte für Gitarre und Orchester (von denen das Konzert D-dur op. 99 wohl am bekanntesten ist), seine Fantasia für Gitarre und Klavier und eine Vielzahl von Stücken nach solfeggierten Namen und Gitarristen („Tonadilla" über Segovia, „Rondel" über Siegfried Behrend etc.). Bei Castelnuovo-Tedesco ist insbesondere die Form wichtig; seine Werke vereinen in sich Tradition und Originalität.

Sehr beliebt sind viele Werke von *Villa-Lobos.* Von ihnen bilden die 12 Etüden eine gewisse Bereicherung des Übungsrepertoires, mag ihre Bedeutung hier und da auch übertrieben werden. Effektvoll sind seine Werke auf jeden Fall, wenn auch die Effekte manchmal billig sind, z.B. Griffaufschub durch die hohen Lagen und Anschlag des gegriffenen Akkordes zugleicherzeit mit leeren Saiten, deren Töne sodann für die Harmonik bedeutungslos sind. Man könnte die Sache natürlich umdrehen und behaupten, so entstehe etwas absichtlich neues, aber der Schein trügt: die entstandene „Polytonalität" ist nur zufällig und man sieht sofort, daß sie weiterhin keine wirkliche Funktion im musikalischen Verlauf des Werkes besitzt. Es ist aber Geschmackssache ob man diese quasi-improvisierende Art des Komponierens schön findet. Villa-Lobos schrieb ferner Präludien, mehrere sog. Chôros, Kammermusik mit Gitarre und Werke für Gitarre und Orchester. Dasselbe machte auch der Spanier Joaquin *Rodrigo,* dessen „Concierto de Aranjuez" sehr beliebt ist.

Es wäre zu viel, alle Komponisten und komponierenden Gitarristen aus Südeuropa und Lateinamerika zu erwähnen, so daß wir uns auf die in diesem und den vorigen Abschnitten bereits genannten beschränken müssen. Von den Transkriptoren „lateinischer" Abstammung sind jedoch noch an erster Stelle Andrés Segovia, ferner Benvenuto Terzi (Italien), Jose de Azpiazu (in der Schweiz wohnhafter Baske) und Nicolas Alfonso (Spanien, später Belgien) wichtig.

Heinrich *Albert* ist heutzutage als ein rezentes verkanntes Genie zu betrachten: er verstarb 1950 und war in weiten Kreisen damals schon fast vergessen. Wir halten es für richtig, an dieser Stelle seine immense Bedeutung für die Gitarristik der Vergessenheit zu entreißen. Albert erkannte die technische Superiorität der Neuspanier an, ohne sich ihnen in sklavischer Weise unterzuordnen. Vielmehr verarbeitete er die Errungenschaften dieser Schule in sein eigenes, reichhaltiges Schaffen, das eine ausführliche Methode („Lehrgang für künstlerisches Gitarrespiel"), ein Interpretationslehrwerk („Solospielstudien in drei Heften"), eine Sammlung von 66 Etüden in 6 Heften, Suiten, Sonaten, kleinere Stücke und eine große Anzahl von Herausgaben und Transkriptionen umfaßt. Seine Etüden Nr. 14, 17, 19, 24, 30, 32, 34, 37, 40, 42, 49, 50, 51, 52, 54, 61, 62 und 65 sind beachtliche Beiträge zur

Gitarrenkultur. In seinem „Lehrgang" befinden sich gleichfalls einige wertvolle Stücke (Capriccio, F-dur, Romanze, E-dur, Elegie G-dur, Fantasie-Capriccio), aber auch seine Sonaten e-moll und D-dur sind gute gitarristische Kompositionen.

Viele von den „neuesten Errungenschaften", mit denen wir auf motorischem und technischem Gebiet seit Ablauf des 2. Weltkrieges konfrontiert worden sind, waren vor fünfzig Jahren bereits in seinem Schaffen und in seinen Abhandlungen vorhanden. Es ist kaum zu fassen, wiesehr man diesen Künstler verkennen konnte! Sein Einfluß war in Deutschland, Österreich und der Schweiz vor dem letzten Kriege immerhin ziemlich groß, größer als jener des bekannten Herausgebers Walter Götze, von Heinrich Scherrer, Carl Henze oder Simon Schneider, oder wen man auch anführen möchte. Seiner interessanten Persönlichkeit, seinem vollendeten virtuosen und kompositorischen Können waren denn auch nur ganz wenige in der gesamten Gitarrenwelt ebenbürtig.

Eine Generation später als Albert (1900) wurde Bruno *Henze* geboren, Sohn Carl Henzes. Auch er hat sich bemüht um eine Verbesserung des Gitarre-Unterrichts, verfaßte eine Methode („Das Gitarrespiel") in 17 Heften, komponierte eine Reihe von Stücken und besorgte ziemlich viele Transkriptionen. Mehrere Komponisten schrieben für ihn Werke, so Hermann Ambrosius, Rudolf Wagner-Régeny, Theodor Hlouschek, Hansmaria Dombrowski, Emil Holz, Alfred Hecker, Kurt Schwaen und Eduard van Dooren. Eine engste Zusammenarbeit verband ihn seit seiner Jugend mit seinem Freunde Anton *Stingl* (*1908), einem der bedeutendsten der deutschen Gitarrekomponisten seiner Generation. Unter seinen Werken, die sich durch Erfindungsreichtum und Musikalität auszeichnen, sind besonders hervorzuheben: die Suite op. 4, die 3 kleinen Stücke op. 5, „Präludium, Fuge und Allegro" op. 6, die Sonatine nach Kinderliedern op. 15a, die Paraphrase „Der Maien ist kommen" op. 15d, einige Sätze aus den 30 Lehrstücken op. 38 (Nr. 12, 13, 16, 19, 20 und die „Barocksuite" Nr. 25–30), die Improvisation über eine mittelalterliche Weise („Es saß ein edly Maget schon") op. 46, aus seinem „Gitarrenbuch für Madeleine" die Leichte Sonatine in G, Präludium und Marsch e-moll, die Ballade e-moll und das „Menuetto Classico" A-dur, und ferner auch Kammermusik, Lieder und interessante Begleitungen zu ukrainischen und jiddischen Volksweisen. Wichtig als Herausgeber sind – außer den bereits erwähnten Gitarristen – Erwin Schwarz-Reiflingen, Ernst Hülsen, Georg Meier, Hans Ritter, und in der Zeit nach dem 2. Weltkrieg Siegfried Behrend.

Von den Österreichern sind als Herausgeber klassischer Gitarrenmusik erwähnenswert: Willy Domandl, Luise Walker, Konrad Ragossnig, Karl Scheit und Carl Dobrauz, und als neuklassische Komponisten u.a. Franz Burkhart, Josef Lechthaler, Alfred *Uhl* (Sonate, 10 Stücke für Gitarre), Armin Kaufmann, Ferdinand Rebay und Karl Friessnegg.

In Polen komponierten in neuklassischem Stil Józef Podobiński, Józef Świder, Witold *Rudziński*. Der große Promotor der polnischen Gitarristik ist aber Józef *Powroźniak* (*1902), der viele Komponisten zum Schreiben für die Gitarre anregte, und mehr als 30 Hefte mit Gitarrenmusik aller Arten herausgab, auch Verfasser eines im Auftrag des polnischen staatlichen Musikverlags geschriebenen Lexikons der Gitarre, und von Monographien über Szczepanowski, Paganini, den Geiger Karol Lipiński und über die Geschichte der Gitarre („Gitara od A do Z"). Ferner ist in dieser Beziehung auch Kasimierz Sosiński von großer Bedeutung.

Sowjetische Gitarristen und Gitarrenkomponisten sind ziemlich zahlreich. Einer der bedeutendsten Gitarristen und ein begabter Komponist und Herausgeber war wohl Aljeksandr *Ivanov-Kramskoj* (1888–1975). Ferner komponierten für die Gitarre u.a. Piotr Agafoschin (1874–1950), Leonid Deviatov (1887–1948), Arsenyi Popov (*1892), Vasilyi Juriev (1881–1962), Mikail Ivanov (1889–1953), Vljadimir Slavskyi und Piotr Panin.

Tschechische komponierende Gitarristen sind Antonín Modr (*1898) und Štěpán Urban (*1913). Letzterer zeichnet sich durch einen besonderen tänzerischen Kompositionsstil aus.

Es gibt außer den bereits genannten zuviele im neuklassischen Stil schreibende Gitarristen bzw. Gitarrenkomponisten, als daß wir alle erwähnen könnten. Daher beschränken wir uns auf den Griechen Ilias Xanthopoulos; den Libanesen Vrouyr Mazmanian; den Ungarn (jetzt in Österreich) Barna Kováts; den Finnen Ivan Putilin; den Jugoslawen Jován Jovičič; die Amerikaner Alexander Bellow und Aaron Shearer; die Schweden Ulf G. Åhslund, Hans Ekland und Ulrik Neumann; den Ägypter Alexandre Lagoya, der mit seiner französischen Gattin Ida Presti bis zu ihrem Tod ein berühmtes Gitarristenduo bildete; und die Franzosen Christian Aubin, Robert Vidal und Alfred Cottin.

In Großbrittannien schrieben u.a. Benjamin Britten, Dennis Apivor, John Duarte und Terry Usher für die Gitarre; in Japan Isao Takahashi und Yosie Ochawara; in den Niederlanden Louis Ignatius Gall, Hans de Heer, Hans Lutz Niessen, Pieter van der Staak und Jan-Anton van Hoek; in Belgien Victor van Puijenbroeck.

Das ist nur eine willkürliche Auswahl, die schon deswegen nicht ausführlicher sein konnte, weil die Neuklassik und ihre Komponisten über den Rahmen dieses Buches hinausgehen, handelt es doch in erster Linie vom 19. Jahrhundert.

Die Musik der Neuklassiker kann große Unterschiede aufweisen zu jener der Klassik oder Romantik. Es gibt allerdings auch neuklassische Werke, die älterer Musik in mancher Hinsicht sehr ähnlich sind. Daß dies für den Vortrag ausschlaggebend ist, bedarf wohl keiner näheren Erklärung.

Wir möchten dem Leser noch die Literaturliste im Anhang empfehlen. Diese Liste enthält viele Werke, die den im Buch erläuterten Formen und spieltechnischen Einzelheiten entsprechen.

Zeittafel 1750-1900

1750	†J.S. Bach	
1756	*W.A. Mozart	Maximilian I.–Joseph Kurfürst von Bayern
1757	†D.Scarlatti und J. Stamitz	
1758		Clemens XIII. Papst
1759	†G.F. Händel	
1760	*L. Cherubini	Georg III. Kg. von Großbritannien
1762		Peter III. Kaiser von Rußland, ermordet, Katharina II. Kaiserin
1764	†J.Ph. Rameau	†Mme. de Pompadour
1765		Joseph II. dt. Kaiser
1766	*S. Molitor	
1767	†G.Ph. Telemann, *F. Gragnani	
1769		*Napoléon I.,Clemens XIV.Papst
1770	*L. van Beethoven, I. Held, F. Carulli, L. Gurilev	
1773	* V. Matiegka, A.Sychra	
1774		Ludwig XVI. Kg. von Frankreich
1775	*F.A. Boieldieu, F.Molino	
1776	*J. Küffner	USA unabhängig
1778	*J.H.M. Sor	
1779	*L. von Call	
1780		†Kaiserin Maria-Theresia
1781	*M. Giuliani, A. Diabelli	
1782	†J.Chr. Bach, *N. Paganini, J. Field, D. Auber Th. Gaude	
1783	*A. Meissonnier	

1784	*L. Spohr, D. Aguado y Garcia, S. Akschonov	
1786	*C.M. von Weber, F. Horecki	Friedrich Wilhelm II. Kg. v. Preußen
1787	†C.W. von Gluck	
1788	†C.Ph.E. Bach	
1789	*F. Silcher	Ausbr. der frz. Revolution, G. Washington Präsident der USA
1790	*L. Legnani	Leopold II. dt. Kaiser
1791	†W.A. Mozart, *M. Vissotskyi	
1792	*G. Rossini, M. Carcassi	1. frz. Republik, Franz II. dt. Kaiser
1793	*F. Hünten	Ermordung Ludwigs XVI.
1794		Letzte Teilung Polens
1795	*H. Marschner	
1796	*C. Loewe	Pavel (Paul) I. Kaiser von Rußland
1797	*G. Donizetti, F. Schubert	Friedrich Wilhelm III. Kg. v. Preußen
1799		N.Bonaparte frz.Staatsoberhaupt
1800		Pius VII. Papst
1801	*V. Morkov	Alexander I. Kaiser von Rußland, Th. Jefferson Präsident der USA
1802	*M.A. Zani de Ferranti	
1803	*H. Berlioz, M. Gljinka	
1804	*J. Strauß Vater	Kaiserkrönung Napoléons I.
1805	†L. Boccherini, *J.N.Bobrowicz	
1806	*N. Coste, J.K. Mertz	Ende des Heil.röm.Reichs dt. Nation
1808		Joseph Bonaparte Kg. von Spanien, Joachim Murat Kg. von Neapel
1809	†F.J. Haydn, *F. Mendelssohn-Bartholdyi	
1810	*F. Chopin, R.P. Schumann, O. Nicolai, N. Makarov	
1811	*F. Liszt, A. Lortzing, A.C. Cano	
1812	*F. v. Flotow, A. Vietrov, †F. Gragnani	

1813	*G. Verdi, R. Wagner	Wiener Kongreß
1814	*L. Schulz, S. Szczepanowski, V. Sarenko	Ludwig XVIII. Kg. von Frankreich
1815	†L. von Call	Die „100 Tage", *O. von Bismarck, Wilhelm I. Kg. d. Niederlande, Ferdinand VII. Kg. von Spanien
1816	†I. Held	
1817		J. Monroe Präsident der USA
1818	*C. Gounod, M.K. Sokołowski	Karl XIV.-Johann (Bernadotte) Kg. von Schweden
1819	*J. Offenbach, M. Stachovitch	Beginn der Unabhängigkeitskriege Südamerikas
1820		Georg IV. Kg. von Großbritannien
1821		Ableben Napoléons I.
1822	*C.A. Franck, G. Regondi, A. Grigoriev	Pedro I. Kaiser von Brasilien
1823	*J. Viñas	Leo XII. Papst
1824	*A. Bruckner, P. Cornelius, B. Smetana	Karl X. Kg. von Frankreich
1825	*J. Strauß Sohn	Nikolaj I. Kaiser von Rußland; Ludwig I. Kg. von Bayern
1826	†C.M. von Weber	
1827	†L. van Beethoven	
1828	†F.P. Schubert	
1829	†M. Giuliani (?), *Anton Rubinstein	A. Jackson Präsident der USA, Pius VIII. Papst
1830	†V. Matiegka	Louis-Philippe I. Kg. der Franzosen, Wilhelm IV. Kg. von Großbritannien, Leopold I. Kg. der Belgier
1831		Pedro II. Kaiser von Brasilien, Gregor XVI. Papst
1832	*J. Arcas	†Napoléon II., Hzg. von Reichstadt
1833	*J. Brahms, A. Borodjin	Gr.-dt. Zollverein
1834	†F.A. Boieldieu	
1835	*C. Saint-Saëns	Ferdinand I. Kaiser von Österreich
1836	*L. Delibes	
1837	*E. Waldteufel, †J. Field, M. Vissotskyi	Viktoria Königin v. Großbritannien

1838	*G. Bizet, M. Bruch, †F. Moretti	
1839	*M. Mussorgskyi, †J.H.M. Sors, S. Szczepanowski	
1840	*P.I. Tschaikowsky, †N. Paganini, M. Giuliani (?), F. Horecki	Friedrich Wilhelm IV. Kg. v. Preußen
1841	*A. Dvořak, †F. Carulli	
1842	*K.Zeller, C. Millöcker, A. Sullivan, †L. Cherubini	
1843	*J. Pargas, †Th. Gaude	
1844	*N. Rimsky-Korssakov, †L. Gurilev	
1846		Pius IX. Papst
1847	†F. Mendelssohn-Bartholdyi, F. Molino	
1848	†G. Donizetti, S. Molitor	2. frz. Republik, Maximilian II. Kg. von Bayern, Franz Joseph I. Kaiser von Österreich
1849	*H. Riemann, †F. Chopin, O. Nicolai, J. Strauß Vater, D. Aguado y Garcia	
1850	†A. Sychra	
1851	†A. Lortzing	
1852	*F. Tàrrega	Napoléon III. Kaiser der Franzosen
1853	†S. Akschonov, M. Carcassi	
1854	*E. Humperdinck, H. Rung	
1855		Alexander II. Kaiser von Rußland
1856	*A. Soljoviev, †R.A. Schumann, J. Küffner, J.K. Mertz	
1857	*E. Elgar, W. Kienzl, †M. Gljinka	
1858	*R. Leoncavallo, G. Puccini, †A. Diabelli, M. Stachovitch	
1859	†L. Spohr	
1860	*G. Mahler, H. Wolf, †F. Silcher, L. Schulz	F.A. Lincoln Präsident der USA
1861	†H. Marschner	Viktor-Emmanuel II. Kg. von Italien, Wilhelm I. Kg. von Preussen

1862	*C. Debussy	Georg I. Kg. von Griechenland
1863	*F. Delius, P. Mascagni	
1864	*E.d'Albert, R. Strauß, †V. Morkov, A. Grigoriev	Ludwig II. Kg. von Bayern
1865	*P. Dukas, J. Sibelius, H. Scherrer	Andrew Johnson Präsident der USA
1866	*F. Busoni	
1867	*A. Toscanini	Ermordung Kaiser Maximilians v. Mexiko
1868	*L. Mozzani, †G. Rossini	Spanische Revolution
1869	†H. Berlioz, C. Loewe	Japanische Restauration
1870	*H. Albert	Deutsch-frz. Krieg
1871	*L. Blech, †D. Auber	Wilhelm I. dt. Kaiser; 3. frz. Republik; A. Thiers frz. Staatspräsident
1872	*C. Henze	
1873	*E. Caruso, S. Rachmaninov, M. Reger, †G. Regondi	Mac-Mahon frz. Staatspräsident
1874	*A. Schönberg, P. Agafoschin, †P. Cornelius	
1875	*M. Ravel, †G. Bizet	Kuangsü Kaiser von China
1876	*M. de Falla	Alfonso XII. Kg. von Spanien, Alexander I. Kg. von Serbien
1877	†L. Legnani, A. Vietrov	
1878	*D. Fortea, H. Ritter, †F. Hünten, M.A. Zani de Ferranti	Umberto I. Kg. von Italien, Leo XIII. Papst
1879	*J. Zuth	
1880	†J. Offenbach, N. Aljeksandrov	Wilhelmina Königin der Niederlande
1881	*V. Juriev, †M. Mussorgskyi, J.N. Bobrowicz, V. Sarenko	Alexander III. Kaiser von Rußland
1882	*I. Strawinsky, M.M. Ponce, J. Turina	Milan Obrenovič Kg. von Serbien
1883	*J. Manén, †F.v. Flotow, R. Wagner, N. Coste, M.K. Sokolowski	
1884	†B. Smetana	
1885	*W. Götze	Alfonso XIII. Kg. von Spanien, G. Cleveland Präsident der USA
1886	*W. Furtwängler, E.Pujol, S. Schneider, †F. Liszt	Otto I. Kg. von Bayern

1887	*L. Deviatov, H. Villabos, †A. Borodjin	
1888	*A. Ivanov-Kramskoj, J. ñas	Friedrich III. dt. Kaiser†, Wilhelm II. dt. Kaiser
1889	*M. Ivanov	
1890	†C.A. Franck, N. Makarov	
1891	*S. Prokofief, E. Schwarz-Reiflingen, †L. Delibes	
1892	*B. Terzi, A. Popov	
1893	†C. Gounod, P.I. Tschaikowsky	
1894	*R. Ferrari, †Anton Rubinstein	Nikolaj II. Kaiser von Rußland
1895	*J.N. David, P. Hindemith, †F. von Suppé	
1896	*A. Segovia, †A. Bruckner	
1897	*E.W. Korngold, H. Ambrosius, H. Dombrowski, A. Tansman, †J. Brahms, A.C. Cano	W. MacKinley Präsident der USA
1898	*A. Modr, E. Holz, †K. Zeller	†O. von Bismarck
1899	†J. Strauß Sohn, K. Millöcker, J. Pargas	Haager Friedenskonferenz, Loubet frz. Staatspräsident
1900	*K. Weill, B. Henze, †A. Sullivan	Viktor-Emmanuel III. Kg. von Italien, Boxeraufstand in China

Literatur

I. Noten

Kategorien:

A. Kleine Formen
B. Etüden
C. Rondi
D. Sonaten/Sonatinen
E. Ouvertüren/größere Kaprizen
F. Themen mit Variationen
G. Fantasien
H. Opern- und Ballettbearbeitungen
I. Schulen

Aguado, Dionisio	Aguado-Brevier (Wörsching)	Schott, A.B
	– 31 kleine Gitarrenstücke (Schwarz-Reiflingen)	Heinrichshofen, B
	– Etüden und Tonleiterstudien (Wörsching)	Schott, B
Albert, Heinrich	Lehrgang für künstlerisches Gitarrenspiel I–IV	Lienau, A.B.F.G.I
	– Etüdenwerk I–IV	Zimmermann, A.B
	– Solospielstudien I–III	Zimmermann, A.B.C.F.H.I
	– Sonaten Nr. 1 und 2	Zimmermann, C.D
Carcassi, Matteo	25 Etüden op. 60 (Dobrauz)	Heinrichshofen, B
	– Carcassi-Brevier I–III (Schwarz-Reiflingen)	Schott, A.B.C.F
	– Gitarrenschule I–III (Ritter)	Schott, A.B.C.F.I

	– Melodische und Fortschreitende Etüden op. 60 (Schwarz-Reiflingen/Stingl)	Schott, B
	– 6 leichte Variationen op. 18 (Schmid-Kayser)	Vieweg, F
	– Variationen über „Le Songe de Rousseau" (Schmid-Kayser)	Vieweg, F
	– Schule für Gitarrespiel (Schwarz-Reiflingen)	Zimmermann, A.I
Carulli, Ferdinando	24 Präludien (Domandl)	Simrock, B
	– Carulli-Brevier I–III (Hülsen)	Schott, A.B.C
	– 3 Sonaten (Ritter)	Schott, C.D
	– Gitarrenschule I–II (Hülsen)	Schott, A.B.I
	– Metodo Completo I–III (Terzi)	Ricordi, A.B.C.E.I
Coste, Napoléon	25 Etüden op. 38 (Walker)	Heinrichshofen, A.B
	– 25 Etüden op. 38 (Ritter)	Schott, A.B
	– Herbstblätter op. 41 (Meier)	Schott, A
	– 6 Originalstücke op. 53	Schott, A.B
	– Übungs- und Unterhaltungsstücke (Meier)	Schott, A.B
	– Zur Erholung op. 51 (Meier)	Schott, A
Diabelli, Anton	3 Sonaten (Just)	Schott, C.D
Giuliani, Maûro	10 Unterhaltungsstücke op. 43 (Schindler)	Heinrichshofen, A
	– Utwory Wybrane (Powroźniak)	PWM, A.B.C.D.G
	– Sonate in C op. 15 (Azpiazu)	Ricordi, D
	– Ausgewählte Studien op. 111 I–II (Zuth)	Schott, A.B
	– Choix de mes fleurs chéries op. 46 (Azpiazu)	Zimmermann, A
	– 24 Etüden op. 48 (Ritter)	Schott, B
	– Grande Ouvertüre op. 61 (Stingl)	Schott, E
	– 16 leichte nordische Tänze (Avila)	Schott, A
	– 6 Präludien op. 83 (Domandl)	Simrock, B
	– Sonata Eroica op. 150 (Avila)	Schott, D
	– 3 Sonatinen op. 71 (Albert)	Zimmermann, C.D.F
	– 24 Studien op. 100 (Zuth)	Schott, A.B.C

Götze, Walter	Die Stunde der Gitarre I–III	Schott, A.B.C.D.E.F
Henze, Bruno	Das Gitarrespiel I–XV	Hofmeister, A.B.C.D.F.I
Horecki, Feliks	Utwory Wybrane (Powroźniak)	PWM, A.B.C.F.G
Justen, Heinz	Iberia I–II	Leuckart, A.B.C.D.G
Legnani, Luigi	Caprican op. 20 (Ritter)	Schott, A.B
–	6 Capricen op. 250 (Götze)	Schott, A.B
–	Introduction, Thème et Variations op. 224 (Avila)	Schott, F
Marschner, Heinrich	12 Bagatellen op. 4 (Götze)	Schott, A
Matiegka, Vaclav	12 Menuette op. 15 (Domandi)	Simrock, A
Mertz, Jan Kaspar	3 Nocturnes op. 4 (Steigenberger)	Heinrichshofen, A
Molino, Francesco	18 Präludien (Götze)	Schott, A.B
–	6 Rondi op. 12 (Götze)	Schott, C
–	3 Sonaten op. 6 (Götze)	Schott,C.D.F
Powroźniak, Józef	Polsce mistrzowie Gitary	PWM A.B.F.G
–	Rosyjcy mistrzowie Gitary	PWM,A.B.F
–	Utwory dawnych Mistrzowie	PWM, A
–	Wybór Etiud I–IV	PWM, A.B
–	Z Polonezów Polskich	PWM, A
Savio, Isaías	Antologia de obras para Guitarra	Ricordi A.B.C.D.E.F
Schwarz-Reiflingen, Erwin	La Guitarra Española I–II	Sikorski A.B.E.G.H
Seegner, Franz	Studien (Zuth)	Schott, B
Sor, Jose Herran Macario	Grand Solo op. 14 (Domandl)	Simrock, E
–	Große Sonate op.22 (Domandl)	Benjamin, C.D
–	2. Große Sonate op. 25 (Domandl)	Simrock, D.F
–	Sonate op. 15 II (Domandl)	Simrock, D
–	2 Themen mit Variationen und 12 Menuette op. 11 (Domandl)	Benjamin, A.F
–	Mozart-Variationen op. 9 (Walker)	Heinrichshofen, F.H
–	Mozart-Variationen op. 9 (Scheit)	Universal, F.H

	– Fantasie Elegiaca op. 59 (Gascon)	Ricordi, G
	– 30 Minuetos (Prat)	Ricordi, A
	– Einleitende Etüden op. 60 (Götze)	Schott, A.B
	– 12 Etüden op. 6	Schott, A.B
	– 12 Etüden op. 29	Schott, A.B
	– Fortschreitende Studien für Anfänger op. 31 I–II	Schott, A.B
	– Sehr leichte Übungen op. 35	Schott, A.B

II. Bücher

Azpiazu, J. de	La Guitare et les Guitaristes	Genève 1956
Bone, Ph. J.	The Guitar and the Mandolin	London 1954
Buek, F.	Die Gitarre und ihre Meister	Berlin 1935
Frotscher, G.	Aufführungspraxis alter Musik	Wilhelmshaven 1977
Hoek, J. A. van	The Polyphonic Playing on the Guitar I–II	Hilversum 1967
	– Polyphony and Guitar in Early Music	Buenos Aires 1977
Powroźniak, J.	Gitarre od A do Z	Kraków 1966
	– Paganini	Kraków 1968
	– Gitarren-Lexikon	Wilhelmshaven 1982
Prat, D.	Diccionario de Guitarristas	Buenos Aires 1935
Hauswald, G.	Musikalische Stilkunde	Wilhelmshaven 1975
Schering, A.	Aufführungspraxis alter Musik	Wilhelmshaven 1975
Sharpe, A.	The Story of the Spanish Guitar	London 1954
Zuth, J.	Handbuch der Laute und Gitarre	Wien 1926

Personenregister

A

Agafoschin 86
Aguado y Garcia 15, 26, 27, 45, 62, 68–71
Åhslund 86
Akschonov 79
Albeniz (Isaac) 44
Albert 10, 15, 16, 20, 25, 36, 38, 40, 50, 51, 54, 57, 59, 81, 84, 85
Alfonso 84
Alexander III. von Rußland 46
Alexandrov 79
Ambrosius 65, 85
Anido 82
Apivor 86
Arcas 39, 79
Aubin 86
Azpiazu, de 84

B

Bach (C.Ph.E.) 16, 53
Bach (J.S.) 82
Beethoven, van 14, 23, 34, 50, 54, 70, 75, 76
Behrend 51, 84, 85
Bellow 86
Berlioz 7
Bieliński 78
Blech 65
Bobrowicz 46, 78
Boccherini 64
Bosch 79
Brahms 82
Britten 86
Broca 79
Buek 67
Bull 82
Burkhart 38, 86

C

Call, von 64, 75, 77
Campion 9
Cano 68, 79
Carcassi 16, 19, 23, 26, 32–34, 37, 38, 40, 47, 55, 58, 68, 69, 74, 83
Carulli 10, 13–15, 19, 27, 32–34, 36, 40, 45, 55, 56, 61, 65, 68, 69, 72–74
Castelnuovo-Tedesco 33, 36, 38, 46, 51, 64, 65, 83, 84
Chavarri 83
Chopin 43, 48, 50
Coste 20, 21, 34, 40, 46, 59, 60, 62, 70, 76–78, 83
Cottin 86
Couperin (F. „le Grand") 37, 82

D

Deviatov 86
Dhuy, le 77
Diabelli 5, 10, 33, 34, 36, 41, 46, 56, 75, 76
Dobrauz 86
Doisy 77
Dombrowski 85
Donnadieu 77
Dooren, van 85
Dowland 37
Duarte 86
Dvořak 51

E

Ekland 86

F

Ferandiere 68–70
Ferrer y Esteve 79
Fleta 27
Fortea (D.) 82
Fortea (G.) 82
Fossa, de 77
Françaix 65
Franco 65
Friessnegg 86
Fürstenau 64

G

Gall 86
Gatayes 77
Gaude 77
Giuliani (Maûro) 25, 27, 34, 36–40, 49–51, 55, 57, 58, 60, 64, 68–72, 74–78, 82
Giuliani (Michael) 72
Giuliani-Guglielmi 72
Götze 85
Gragnani 36, 64, 68, 74
Granados 44
Grigoriev 79
Gurilev 79

H

Händel 37, 38, 40, 51, 53, 57
Hauser 27
Haydn 36, 50, 70, 74
Hecker 85
Heer, de 86
Held 78
Henze (Bruno) 64, 85
Henze (Carl) 85
Hernandez 27
Hlouschek 65, 85
Hoek, van 20, 39, 46, 69, 86
Holz 85
Horecki 37, 39, 75, 78
Hülsen 85
Hummel 48, 75
Hünten 77

I

Ivanov 86
Ivanov-Kramskoj 45, 86

J

Jaworski 46, 78
Jones 37
Jovićič 86
Juriev 86

K

Karl II. von Spanien 9
Kaufmann 86
Kováts 86
Kreutzer 64
Küffner 32, 36, 37

L

Lagoya 86
Lanner 47
Lauro 46
Lechthaler 38, 86
Legnani 15, 18, 38, 40, 45, 49, 68, 75
Lemoine 77
Lenz, de 48
Lipiński 86
Liszt 43, 48, 49
Llobet 82
Lopez 79
Losy von Losinthal 9
Ludwig XIV. von Frankreich 9, 10, 33
Ludwig XV. von Frankreich 9

M

Makarov 76
Maldonado 28
Mälzel 54
Manén 39, 83
Marschner 75, 77
Matiegka 48, 76
Mayseder 75
Mazmanian 86
Meier 85
Meinel 27
Meissonnier 77
Mertz 36, 45, 46, 55, 75, 76
Milán 37
Modr 86
Molino 20, 27, 32, 35, 36, 38, 50, 63, 64, 68, 69, 74, 76
Molitor 33, 53, 56, 76
Moreno-Torroba 44, 83
Moretti 50, 75
Morkov 70, 79
Moscheles 75
Mozart (L.) 53
Mozart (W.A.) 14, 28, 37, 50, 70
Mroński 46
Mudarra 37

N

Napoléon I. von Frankreich 47
Narváez, de 37
Nemerovski 19
Neumann 86
Niessen 86
Nikolaj I. von Rußland 47, 70

O

Ochawara 86

P

Padovec 45, 78
Paesiello 39, 72
Paganini 36, 43, 48, 49, 64, 75, 86
Panin 86
Pargas 79
Paumann 82
Philipp V. von Spanien 9
Podobiński 86
Ponce 15, 33, 36, 37, 39, 57, 83
Popov 86
Powroźniak 44, 86
Prat 82
Presti 86
Prokofief 82
Pujol 54, 82, 83
Putilin 86
Puijenbroek, van 86

Q

Quantz 53–55

R

Ragossnigg 85
Rameau 34
Ramirez 27
Rebay 86
Regondi 49, 68, 75
Ribayaz, de 9
Riemann 62
Ritter 20, 21, 85
Rodrigo 51, 65, 83, 84
Romberg 48
Roncalli 9
Rossini 50
Rubinstein (Anton) 28
Rudziński 39, 86
Rung (F.) 78
Rung (H.) 78

S

Salleneuve 78
Sanz 9, 37
Sarenko 79
Savio 51, 82
Scarlatti (Domenico) 50
Scheit 86
Scherrer 85
Schneider 85
Schubert 48, 64
Schulz 77
Schwaen 85
Schwarz-Reiflingen 74, 85
Seegner 77
Segovia 15, 38, 82–84
Seiffert 27
Shearer 86
Slavskyi 86
Sokołowski 78
Soljoviev 79
Sor 10, 15, 22, 26–29, 34, 36–40, 43, 46, 47, 50, 51, 55, 56, 59–62, 64, 68–72, 77, 79, 82
Sosiński 86
Spohr 48, 64, 77
Staak, van der 86
Stachovitch 79
Stingl 36, 38, 39, 46, 57, 64, 74, 85
Strauss (Johann, Sohn) 11
Strauss (Richard) 50
Swider 86
Sychra 37, 78
Szczepanowski 78, 86

T

Takahashi 86
Tansman 24
Tárrega 25, 27, 28, 50, 59, 79, 81–83
Terzi 84
Thalberg 48, 49
Torres 27, 28
Trille 77
Tschaikowsky 50
Turína 36, 51, 83

U

Uhl 86
Urban 86
Usher 86

V

Vidal 86
Vietrov 79
Villa-Lobos 21, 51, 64, 65, 83, 84

Viñas 39, 79
Visée, de 9, 34, 37
Vissotskyi 37, 70, 79
Volman 72

W

Wagner 50
Wagner-Régeny 85
Walker 20, 38, 82, 85
Weber, von 48, 64, 77
Winckel 54
Wyhowski 37, 78

X

Xanthopoulos 86

Y

Yepes 47

Z

Zani de Ferranti 49, 68, 75
Zuth 67

Sachregister

A

Agogik 61
Ägypten 86
Akzent 61
Alla Polacca 45
Allgemeiner Auftakt 41
Anglaise 11
Anschlag 61
Antiklimax 58, 59
Arpeggio 22
Auftakt 61
Authentizität passim

B

Barock 9, 10
Barockgitarre 10, 14, 28
Barré 17, 18, 26
Basso Ostinato 37
Begleitung 49, 64
Belgien 86
Biedermeier 48
Binde-Legato 21
Blütezeit, erste 10, 48
–, zweite 10, 48
–, dritte 67, 81
Bolero 44
Bordunsaiten 10
Bourgeoisie 44
Brückengriff 17

C

Chaconne 37
Charaktervariation 37, 38
Chitarra Battenta 14
Chitarrone 10
Cister 14
Cittern 14, 16
Coda 33
Couleur locale 46
Couplet 33, 34

D

Da Capo 32, 39
Dänemark 78
Daumengriff 19, 26
Didaktik 48
Donau-Monarchie 11, 45, 75, 77
Doppelchörigkeit 10
Doppelschlag 21, 22
Duett 48, 64, 71
Durchführung 35
Durchgedrückter Anschlag 61

E

Echo 58
Ecossaise 10
Einleitung 36, 37

English guitar 14
Epigonen 75
Erzlauten 10
Etouffé 23
Etüde 46, 65
Exposition 35

F

Fandang(uill)o 44
Fantasie 39, 47, 71
Fermate 56
Fernsehen 51
Finnland 86
Flageolett 20, 21
Formenlehre 31–41
Formenanalyse 31, 40, 41
Frankreich 9, 10, 86
Frisé 23
Fuge 9

G

Galopp 11
Gitarre, englische 14
–, klassische passim
Gitarre-Kammermusik 48, 64, 72
Gitarrenbau 27, 28, 77–79
„Giulianad", the 72
Gleiteffekt 19, 63
Griechenland 86
Griffbrett (Breite) 27, 49, 71
Griffbrett, am (Register) 28
Griffe passim
Großbritannien 86
Ground 37

H

Halbe Lage 19
Handbuch passim
Hauptsatz 35
Hupf Auff 11

I

Imitation 40
Interpretation passim
Italien passim
Italienische Schule 67–69

J

Japan 86
Jugoslawien 86

K

Klangnormen (authentische) passim
Klangvolumen 27, 49
Klassik passim
Klavarskribo 13
Kleinmeister passim
Klimax 58, 59
Kontrapunkt 14
Kontratanz 11
Konzert mit Orchester 65, 84
Kuppenspiel 27

L

Lagenwechsel 19, 25, 26
Lagenzeichen 17, 19
Ländler 11, 13
Lateinamerika 83
Laute 10
Laute, theorbierte 10
Libanon 86
Liedbegleitung 64
Lieder 64
Liedformen 31–33

M

Mandoline 14
Marcato 22
Marsch 46
Mazurek (Mazurka) 11, 45
Melodische Variation 27
Mensur 27
Menuett 10, 32, 33
Metalico 28
Methode passim
Metronom 54, 55
Mexiko 83
Miniatur 73
Mischformer 40
Modulation 35
Mordent 62
Motorik 26

N

Nagelspiel 27
Nebensatz 35
Neoklassik 10, 81–87
Neospanische Schule 82–83
Niederlande 86
Notierung 13–24

O

Obertöne 28
Oktavierung 14
Opernfantasie 39
Organische Komposition 41
Ornamentik s. Verzierungen
Österreich 11, 86
Ouvertüre 36

P

Paris 75
Passacaglia 37
Pastiche 81
Pause 61, 62
Phrasierung 21, 26, 61
Pizzicato 23, 29, 64
Polka 11
Polonaise 11, 45
Polyphonie 15, 40, 64
Potpourri 39
Praller 62
Primgitarre 64

Q

Quartett 48
Quergriff s. Barré
Quintenbaßgitarre 64
Quintett 38, 72

R

Rasgueado 22, 23, 29
Reformationen 81, 82, 84, 85
Refrain 33, 34
Registrierung 28, 57
Reifung 51
Reise-Eindrücke 50, 51
Reprise 35
Rhythmik 13, 58, 60
Rokoko 9–11
Romantik passim
Rondino 34
Rondo 23, 34–36
Rondoletto 34
Rundfunk 51
Rußland 46, 78, 79

S

Saiten 13, 28
Salonstücke 47
Saltarello 11
Sauteuse 11
Schalloch, am (Register) 28
Schallplatte 51

Scherzo 10, 36
Schlaggitarre 14
Schweden 86
Schweiz 86
Scordatura 26
Seguidilla 44
Sequenz 60
Siebensaitige Gitarre (Coste) 77
–, – (russ.) 78, 79
Singbarkeit 62
Sitzhaltung 26
Society-Tänze 47
Sonate 10, 33, 34
Sonatenform 34–36
Sonatine 35, 36
Sondereffekte 28
Spanien passim
Spanische Schule 67–69
Spieltechnik 25–29
Sprung 11
Staccat(issim)o 16
Steg, am (Register) 28
Stimmführung 37
Stimmung 13, 14, 26
Suite 38
Sulla Bocca 28
Sul Ponticello 28
Sul Tasto 28
Synkopierung 73

T

Tabulatur 13, 14
Tanzschritte 44, 45, 61
Tarantella 44
Tempo 54–56
Terrassendynamik 57
Terzgitarre 64
Thema 36–38
Thema mit Variationen 36–38
Theorbe 10
Tonadilla 84
Tonarten passim
Tonfarbe passim
Tonleitern 25
Transkription 78, 84, 85
Transversalvibrato 28
Triller 62
Trio 48, 74
Triosatz 33
Trugschluß 56
Tschechoslowakei (s. auch Donau-Monarchie) 86
Tyrolienne 11

U

Überleitungsteil 35
UdSSR 86
Ungarn (s. auch Donau-Monarchie) 86
USA 86

V

Variation 36–38
Variationensuite 36
Variation ohne Thema 38
Verzierungen 9, 62
Vibrato 28, 57
Vihuelisten 9, 36
Virtuosentum 48, 49
Volksmusik passim
Volt 11
Vorschlag 64

W

Walzer 11, 13–15, 32
Wiederholung 59
Wien 75
Wiener Schule 75

Z

Zehnsaitige Gitarre 76
Zentrum des Griffbretts 26
Zortzico 44
Zyklus 35

Musikpädagogische Bibliothek

Die von Leo Kestenberg begründete Sammlung wird nach dem Tode Eberhard Preussners von Walter Kolneder weitergeführt.

1 EBERHARD PREUSSNER: *Allgemeine Musikerziehung.* 2. Aufl. 115 Seiten, kartoniert. »Der Titel verrät wenig von der Fülle der Themen, die die gesamten Grundfragen der Musikerziehung umfassen; noch weniger läßt er auf eine fesselnde Darstellung schließen, die den gewohnten Stil einer pädagogischen Vorlesung überwindet, den wir als beispielgebend bezeichnen möchten.« (Musik im Unterricht)

2 CURT SACHS: *Vergleichende Musikwissenschaft – Musik der Fremdkulturen.* 3. Auflage. 76 Seiten, zahlreiche Notenbeispiele, kartoniert. »Die zweite Auflage dieser für den Unterricht unentbehrlichen Einführung in die vergleichende Musikwissenschaft wird überall begrüßt werden.« (Musik im Unterricht)

3 CESAR BRESGEN: *Die Improvisation.* 2. Auflage. 87 Seiten, zahlreiche Notenbeispiele, kartoniert. »Das Werk dürfte nicht nur für Pädagogen, sondern auch für ausübende Musiker äußerst interessant sein.« (der musiker)

4 FRIEDA LOEBENSTEIN: *Klavierpädagogik.* 3. Auflage. 100 Seiten, zahlreiche Notenbeispiele, kartoniert. »Eine ausgezeichnete Einführung in die Art, wie man am Klavier auf Melodik, Rhythmik, Technik und improvisatorische Anregung der Schüler hinarbeiten kann.« (Kontakte)

5 WALTER KOLNEDER: *Geschichte der Musik.* 10. verbesserte und stark erweiterte Auflage. 94 Seiten, kartoniert. »Ein bewährtes Standardwerk, das in gedrängter Form den gesamten Stoff der Musikgeschichte übersichtlich darbietet.«

6 EBERHARD PREUSSNER: *Wie studiere ich Musik?* Ein Ratgeber. 2. verbesserte Auflage. Durchgesehen von Gerhard Wimberger. 63 Seiten, kartoniert. »Auf knappen sechzig Seiten behandelt der Verfasser aus einer reichen Berufserfahrung heraus und in überaus lebendiger Weise alle Fragen, die auftauchen, wenn ein junger Mensch die Absicht bekundet, Musik studieren zu wollen.« (Schweizerische Musikzeitung)

7 WALTER KOLNEDER: *Musikinstrumentenkunde.* Ein Studien- und Prüfungshelfer. 5. durchgesehene Auflage. 42 Seiten, mit zahlreichen Abbildungen und 19 Notenbeispielen, kartoniert. »Dieser Studienhelfer will nicht das ausführliche Lehrbuch ersetzen. Er enthält das Wesentliche in übersichtlicher, verständlicher und ansprechender Darstellung. Im Nachwort erscheinen zum weiteren Studium die wichtigsten neueren Werke über Akustik, Instrumentenkunde und Instrumentation.« (Die Schulwarte)

8 DIETRICH STOVEROCK: *Gehörbildung.* Geschichte und Methode. 2. Auflage. 69 Seiten, zahlreiche Notenbeispiele und Abbildungen, kartoniert. »Mit äußerster Prägnanz hat Stoverock das Thema der Gehörbildung abgehandelt.« (Schulverwaltungsblatt für Niedersachsen)

9 ELISABETH FISCHER-JUNGHANN: *Gesangsbildungslehre.* Der Gesang am Scheidewege. 86 Seiten, kartoniert. »Die Verfasserin schöpft aus ihrem profunden Wissen. Mutig tritt sie an die Probleme heran und beweist ihr großes Wissen.« (musica sacra)

10 GERD WATKINSON: *Singleitung. Eine Werkstattlehre.* 136 Seiten mit über 70 Notenbeispielen, kartoniert. Watkinsons Singleitung wendet sich an Musikerzieher in Schule, Jugendarbeit und Chorgruppen. Ein Handbuch der zeitgemäßen Singleitung für Praktiker.

11 CESAR BRESGEN: *Musikerzeihung?* Ein kritisches Protokoll. 60 Seiten, kartoniert. Cesar Bresgen faßt in seinem überaus lehrreichen Protokoll neben seiner Meinung die wesentlichsten Aussagen namhafter Autoren und Pädagogen zu allen für die Musikerziehung relevanten Bereichen zusammen und analysiert sowohl krisenhafte als auch hoffnungsvolle Aspekte der musikalischen Umwelt der siebziger Jahre.

12 MAXIMILIAN HENNIG: *Leitfaden zur Technik und Methodik des Violinspiels.* 48 Seiten mit Notenbeispielen, kartoniert. Maximilian Hennig reiht in diesem Heft die wesentlichen Punkte geigerischer Ausbildung und Betätigung zu kurzen Kapiteln aneinander, in denen er in knapper Form Hinweise für ein Lehren und Lernen gibt.

13 HANS PIMMER: *Erfinde die zweite Stimme selbst.* Eine einfache Anleitung zum Singen und Spielen. 68 Seiten mit zahlreichen Notenbeispielen, kartoniert. An einer Fülle von Liedanfängen und Liedausschnitten wird Schritt für Schritt gezeigt, wie eine Stimme zur anderen gefügt werden kann.

14 CESAR BRESGEN: *»Am Anfang war der Rhythmus ...«* 100 Seiten mit zahlreichen Notenbeispielen, kartoniert. »Am Anfang war der Rhythmus. Er ordnet die Sprache, die Körperbewegung, bestimmt unseren Lebenslauf und den aller Dinge ...« Mit dieser, allen Musikpädagogen empfohlenen Rhythmuslehre erhebt Cesar Bresgen den Anspruch, den, wie Hindemith formulierte »weißen Fleck« Rhythmus auf der musikalischen Landkarte ausgemerzt zu haben.

15 NORBERT LINKE: *Heilung durch Musik.* Didaktische Handreichungen zur Musiktherapie. 176 Seiten mit Notenbeipielen, kartoniert. Norbert Linke gibt einen kurzen problemgeschichtlichen Überblick über die bisher gehandhabten Formen und Auswüchse von Musiktherapie. Didaktisch und wissenschaftlich von Belang sind die Systematisierungsversuche einschließlich der Definitionsbildung, Begriffserklärung und Orientierungshilfe.

16 GERHARD BRAUN: *Neue Klangwelt auf der Blockflöte.* 100 Seiten mit zahlreichen Notenbeispielen und Zeichnungen, kartoniert. Der Autor dieses Bandes macht es sich zur Aufgabe, etwas Licht in das Dunkel der musikalischen und spieltechnischen Zusammenhänge der neuen Blockflötenmusik des 20. Jahrhunderts zu bringen.

17 JOSEF GORBATOV: *Methodik im Geigenanfangsunterriicht.* 64 Seiten mit vielen Abbildungen und Notenbeipielen, kartoniert. In diesem Band legt Josef Gorbatov die Grundprinzipien seiner violinpädagogischen Arbeit mit Kindern dar, die von fundierter Kenntnis der technischen Voraussetzungen des Geigens einerseits und den physiologischen und psychologischen Entwicklungsgegebenheiten des Kindes andererseits zeugen.

18 KLAUS RENNICKE: *Kleines Musik 1 x 1.* 2. Auflage. 122 Seiten mit zahlreichen Abbildungen und Notenbeispielen, kartoniert. Die Absicht von Klaus Rennicke ist, mit dem »Kleinen Musik 1 x 1« auf möglichst verständliche Art und in komprimierter Form ein elementares Grundwissen auf dem gesamten Gebiet der Musik zu vermitteln. Zu den Fragen und Arbeitsaufgaben, die jedem Kapitel folgen, ist ein »Lösungsheft« erschienen.

19 HORST HEYDEN: *Das Streichquartett in der Praxis.* 100 Seiten mit zahlreichen Notenbeispielen, kartoniert. In diesem Buch zeigt der Autor die wesentlichen Aspekte und Zusammenhänge des Streichquartettspiels. Ein Werk, das ganz aus der Praxis entstanden ist.

20 JOSEF GORBATOV: *Lagenwechsel und Lagenspiel auf der Geige.* 58 Seiten mit 19 Fotos und zahlreichen Noten- und Übungsbeispielen, kartoniert. Als Ergänzung zu jeder im Unterricht verwendeten Violinschule stellt die vorliegende Arbeit eine ausgezeichnete Hilfe dar.

21 GYULA RACZ: *Handbuch der Schlagzeugpraxis.* 164 Seiten mit zahlreichen Abbildungen, Notenbeispielen und Graphiken, kartoniert. Die moderne Schlagzeugpraxis mit ihren Instrumenten, Ausdrucksmöglichkeiten und Spieltechniken, erläutert an herausragenden zeitgenössischen Werken, ist das Schwerpunktthema des vorliegenden Werkes.

22 GRAHAM COLLIER: *Jazz.* 224 Seiten mit zahlreichen Notenbeipielen und zehn Abbildungen, kartoniert. Das Werk von Graham Collier hilft hier eine Informationslücke für Pädagogen und Schüler zu füllen; es stellt an der Praxis erprobtes Material bereit, und anhand einer Fülle von Notenbeispielen können u.a. Fragen der Improvisation und der Entwicklungsgeschichte des Jazz im Unterricht nachvollzogen und erarbeitet werden.

23 NORBERT LINKE: *Musik in der »sozialen« Schule.* Beiträge zu einer individualpsychologisch begründeten Musikdidaktik. 124 Seiten, kartoniert. Ausgehend von der Entwicklung der Musikpädagogik an Schulen vom Anfang des 20. Jahrhunderts wird der Entwicklungsweg bis zur Gegenwart aufgezeigt. Die aktuellen Fragen der Musikdidaktik werden praxisnah diskutiert und damit eine große Informationslücke für den interessierten Musikpädagogen geschlossen.

24 RUPERT DOPPELBAUER: *Der frühe Cellounterricht.* 196 Seiten mit zahlreichen Notenbeispielen, Tabellen und Zeichnungen, kartoniert. Alle wesentlichen Punkte des Cellospiels werden in dieser sach- und fachkundigen Veröffentlichung leicht verständlich für Lehrer und Schüler dargestellt. Zu diesem Buch erscheint auch ein »Spiel- und Übeheft«.

Die Reihe wird laufend fortgesetzt.

Heinrichshofen's Verlag
Wilhelmshaven